W0034783

# Reichtum ist *Frauensache*

## Werde eine Finanz-Diva

### Katja Eckardt

# FBV

**Bibliografische Information der Deutschen Nationalbibliothek**
Die Deutsche Nationalbibliothek verzeichnet diese Publikation in der Deutschen National-
bibliografie. Detaillierte bibliografische Daten sind im Internet über **http://dnb.d-nb.de**
abrufbar.

**Für Fragen und Anregungen:**
info@finanzbuchverlag.de

1. Auflage 2016

© 2016 by FinanzBuch Verlag, ein Imprint der Münchner Verlagsgruppe GmbH,
Nymphenburger Straße 86
D-80636 München
Tel.: 089 651285-0
Fax: 089 652096

Redaktion: Judith Engst, Dr. Michael Eckardt
Korrektorat: Sonja Rose
Umschlaggestaltung: Melanie Melzer
Umschlagabbildung: iStock
Bilder S. 242, 243: Fotostudio im Westend, 2015
Bilder S. 10, 37-39, 58, 84, 91, 93, 95, 104, 116, 131, 174, 208: shutterstock
Satz: inpunkt[w]o, Haiger
Druck: GGP Media GmbH, Pößneck
Printed in Germany

ISBN Print 978-3-89879-950-8
ISBN E-Book (PDF) 978-3-86248-851-3
ISBN E-Book (EPUB, Mobi) 978-3-86248-852-0

*Weitere Informationen zum Verlag finden Sie unter*

# www.finanzbuchverlag.de

Für Xandi

*Vorsicht!*
*Investieren kann süchtig machen –*
*und reich ...*

# Inhaltsverzeichnis

**Teil 4 –**
**Selfmade: UNTERnehmen, nicht ÜBERgeben**...... **207**

# Teil 1 –
# Kassensturz!

»Süße, letzte Woche habe ich 395 Dollar für ein Paar
Gucci-Sandaletten ausgegeben. Da fange ich hier das
Sparen bestimmt nicht an!«

Carrie Bradshaw, *Sex And The City*, 1. Staffel, Episode 10

# Reichtum ist Frauensache!

*D*ieses Buch ist ein Aufruf an alle Frauen: Werdet endlich reich! Männer haben es bereits probiert, aber scheitern am Versuch, reich zu bleiben. Mal ehrlich: Welcher Mann kann schon wirklich mit Geld umgehen? Ich kenne jedenfalls keinen. Männer sind viel zu kreativ und gierig, ihr Verlangen ist groß, ihr Hunger nach heißen Verlockungen unstillbar. Geld macht es möglich und kauft alles, was ihnen noch mehr Lust bereitet. Zuerst eine Yacht, die Yacht wird mit sexy Frauen geschmückt. Man lädt sich Vorzeige-Freunde und Bekannte ein und feiert die Nächte durch mit Champagner, Hummer, Kaviar und Steaks vom Kobe-Rind – Hauptsache exklusiv! Geld ausgeben macht richtig Spaß! Sobald man(n) viel davon hat, vergisst man(n) schnell, dass es Grenzen gibt. Eine Yacht muss betankt werden. Die Ladys sind nicht ganz billig, und sobald es finanziell eng wird, suchen sie sich schnell einen anderen reichen Playboy. Aber keine Sorge! Die Yacht kann man bei E-Bay zu Geld machen, um noch ein paar Kröten zusammenzukratzen.

Ein großer Philosoph behauptet, dass Geld zu haben, nicht alles bedeutet, sondern es nicht zu haben. Ihr möchtet wissen, wer das gesagt hat? Kein anderer als Kanye West! Ihr dachtet jetzt bestimmt an Konfuzius oder an einen coolen Griechen wie Aristoteles. Ich wollte gezielt einen Neureichen zitieren, da er in der heutigen Zeit lebt und weiß, wovon er spricht: »Having money isn't everything. Not having it is.« Kanye ist verdammt reich. Er versucht, es auch zu bleiben, indem er sich von Drogen und Alkohol fernhält. Na ja, wer's glaubt! Vielleicht möchte er auch nur sein Image aufpolieren, um endlich in einem Buch wie diesem zitiert zu werden. Als ich recherchierte, wie man schnell reich werden kann, fiel mir auf, dass es verschiedene Möglichkeiten gibt. Man muss nicht einmal studiert haben! Kaum einer der reichsten Menschen der Welt besitzt einen Studienabschluss. Das Forbes-Magazin listet sie alle gnadenlos auf. Ein Studium bedeutet demnach nicht nur Zeitverlust, sondern auch viele verpasste Chancen auf wahren Reichtum. Man muss also keinen überdurchschnittlichen IQ besitzen, um es zu schaffen. Was zählt, sind Ideen, das nötige Kleingeld, Optimismus, ein eiserner Wille, Zeit, Mut, Selbstvertrauen, Geduld und etwas Glück. Das wahre Problem kommt erst mit dem Reichtum. Die meisten reichen Leute sind schneller wieder arm, als sie das Wort »Reichtum« aussprechen können.

Es gibt zahlreiche ehemalige Multimillionäre und Milliardäre, die nach kurzer glamouröser Bling-Bling-Zeit wieder bettelarm sind. MC Hammers' Besitztümer kamen beispielsweise alle unter den Hammer. Er besaß mehrere 100 Millionen Dollar und hatte es dadurch nicht leicht. Zunächst kaufte er sich einen Helikopter, denn auch er muss einkaufen und andere Dinge besorgen. Das Problem war, dass seine Freundin auch einen wollte. Ich verstehe jetzt, was er mit seinem Song »You can't touch this« sagen wollte! Tja, dumm gelaufen. Liebe macht wirklich blind. Zwei Helis waren erst der Anfang. Ein Album brachte ihm ca. 33 Millionen US-Dollar ein. Seine Karriere endete allerdings, als er in die Jahre kam und auf die 30 zuging. Das war 1990. Er schuldet dem Finanzamt aktuell noch etwas Geld, im Jahr 2011 waren es noch 800.000 US-Dollar. Ich bin mir sicher, dass er endlich einen Ausweg aus dem Schuldensumpf finden wird, nachdem er dieses Buch gelesen hat. Hoffentlich wird er dann bald wieder reich. Dazu muss er sich allerdings eine neue Freundin suchen. Das Buch richtet sich jedoch nicht an MC Hammer, sondern an Ladys.

Ich bin davon überzeugt, dass Frauen einfach das bessere Händchen für den Umgang mit Geld haben. Sie wissen das aber noch nicht. Bisher hat ihnen das noch niemand gesagt und ihnen Mut gemacht. Den Beweis für die bessere Frauen-Performance im Umgang mit Geld zeigen die Pleite-Top-10. Sie bestehen ausschließlich aus Männern. Unter ihnen befindet sich neben MC Hammer auch Jordan Belfort, der wahre »Wolf der Wallstreet«. Auch Jordan muss noch Schulden in Millionenhöhe abstottern.

Der Ärmste! Dabei war er gestern noch ein reicher, großkotziger Gierschlund. Heute ist er allerdings bettelarm. Er sollte sich endlich eine Finanz-Diva suchen, die ihm dabei hilft, finanziell wieder auf die Beine zu kommen. Falls ein Mann diesen Ratgeber lesen sollte, bitte ich an dieser Stelle um Verständnis. Nicht jede von uns kann sich als Finanz-Diva outen.

Habt ihr Lust auf ein finanzielles Abenteuer? Dann lasst euch überraschen, was euch in den folgenden Kapiteln erwartet. Damit euer Weg in die finanzielle Unabhängigkeit nicht mehr lang ist, stelle ich euch verschiedene Varianten zum Vermögensaufbau vor. Es geht um Fondssparen, die Anlage in Aktien, die Vermietung von Wohnungen und die Möglichkeit einer Unternehmensgründung. Grundsätzlich gilt beim Investieren: Finger weg von Dingen, die ihr nicht versteht.

Damit ihr euch zunächst ein Bild von den Anlageformen machen könnt, bekommt ihr Zahlenbeispiele geliefert. Ihr merkt schon bald, welche Variante euch leichtfällt. Sobald ihr feststellt, dass euch ein Thema keinen Spaß bereitet, ist das ein erstes Zeichen für Desinteresse am jeweiligen Investment. Ihr lernt dabei, auf euer Bauchgefühl zu hören. Beim Investieren spielt es eine wichtige Rolle. Desinteresse ist eines dieser Zeichen und bedeutet: Finger weg! Einige von euch werden sich bestimmt fragen, wieso ich nicht auf Gold eingehe. Da Rohstoffe erstaunliche Wendungen nehmen, die wir kaum nachvollziehen können, ist es äußerst spekulativ, sich damit einzudecken. Viele einstige Gewissheiten gelten heute nicht mehr – schaut man sich beispielsweise den Verlauf des Ölpreises beim anhaltenden Nahostkonflikt an. Die Deutschen halten inzwischen mehr Goldreserven als die Notenbank der Vereinigten Staaten, da sie wieder dem typisch deutschen Sicherheitsdenken erliegen. Gold gilt hierzulande als sicher; es wird jedoch verschwiegen, dass man sich unter anderem einem Währungsrisiko aussetzt. Dividenden wirft Gold nicht ab. Eine clevere Kapitalanlage sieht also anders aus. Um meine ausschließliche Konzentration auf Fonds, Aktien und Immobilien zu begründen, möchte ich auf einen Artikel zur Millionärsentwicklung verweisen. Trotz schwierigem Wirtschaftsumfeld und niedrigem Zinsniveau gelangten die Millionäre in den vergangenen Jahren zu noch mehr Reichtum. Ihre Strategie: Sie setzen auf Aktien und Immobilien. Von Anleihen und Gold halten die Reichen nicht viel. Allein in Österreich sank der Goldanteil in den Millionärsdepots auf zwei Prozent. Den Artikel findet ihr unter: http://bit.ly/1DRERfN.

Was lernen wir daraus? Machen wir es genauso!

Ihr seid schon bald in der Lage, mit dem Einsatz von geringen finanziellen Mitteln ein ordentliches Vermögen aufzubauen. Seid ihr bereit? Dann legen wir los!

# Hand aufs Herz: Habt ihr das Zeug zur Finanz-Diva?

Wer denkt, Reichtum sei Zufall, irrt gewaltig. Reichtum ist das Ergebnis aus Disziplin, einem eisernen Willen, Selbstbewusstsein, Leidenschaft und außergewöhnlicher Hartnäckigkeit, alles Eigenschaften von euch oder zumindest von euren Vorfahren. Das notwendige Quäntchen Glück spielt natürlich auch eine große Rolle. Kombiniert man alles im optimalen Verhältnis, steht eurer finanziellen Zukunft nichts mehr im Wege!

## Multiple-Choice-Test

Im Folgenden findet ihr heraus, ob ihr das Zeug zur Finanz-Diva habt. Nehmt euch ein wenig Zeit und überlegt, welche Antworten auf euch zutreffen. Bitte beachtet, dass nur eine Antwort pro Frage ausgewählt werden kann.

### 1. Welchen dieser Männer würdet ihr heiraten?
a) Harald Juhnke
b) Lothar Matthäus
c) Justin Bieber
d) »Kalikönig« Dmitry Rybolovlev

### 2. Was befindet sich aktuell auf eurer Watchlist?
a) Ein Mann
b) Zwei Männer
c) Aktien von Tupperware und eine Eigentumswohnung, die ihr vermieten möchtet
d) Ein Wohnblock

### 3. Was versteht ihr unter Reichtum?
a) Reich heiraten
b) Einen Lottogewinn

c) 1 Million Euro auf dem Konto
d) Automatische Einnahmen, die fließen, ohne dass ihr arbeiten müsst

## 4. Was sind eure Stärken?

a) Ihr könnt gut kochen
b) Ihr habt ein gutes Händchen für Innendekoration
c) Als Managerinnen besitzt ihr Know-how, Soft Skills und analytisches Denkvermögen
d) Eure Mitarbeiter

## 5. Wie oft pro Woche habt ihr Sex?

a) Gar nicht
b) 1/52 (Anmerkung der Autorin: Das bedeutet ein Mal im Jahr)
c) zwei- bis dreimal
d) Mehrmals täglich

### Die Stunde der Wahrheit

Ermittelt nun euren Punktestand. Habt ihr das Zeug zur Superreichen? Bitte zählt, wie oft ihr a, b, c und d ausgewählt habt. Für jede a-Antwort erhaltet ihr einen Punkt. Für b-Antworten bekommt ihr zwei Punkte, drei für c-Antworten und zehn Punkte für alle d-Antworten. Und? Wie viele Punkte habt ihr?

**Ihr habt zwischen 5 und 9 Punkte. Das bedeutet für euch:**
Oh, oh ... - Es liegt noch viel Arbeit vor euch. Wiederholt am Ende des Buchs den Test erneut. Ich bin mir sicher, alles wird gut!

**Ihr habt zwischen 10 und 14 Punkte. Das bedeutet für euch:**
Ihr befindet euch gerade so im grünen Bereich. Dunkelgrün, mit Tendenz zu Rot allerdings. Ob euch eure Einstellung aus der Durchschnittsfalle heraushilft, weiß ich nicht. Mein Tipp: Verschwendet nicht so viel Zeit bei Facebook und mit WhatsApp. Versucht, euch von der Masse abzuheben. Traut euch!

**Ihr habt zwischen 15 und 39 Punkte. Das bedeutet für euch:**
Schön, schön. Spaß beiseite! Sagen wir mal so: Dumm gelaufen. Ihr arbeitet gerne und sehnt euch ständig nach Anerkennung. Leider vergesst ihr dabei, euch selbst zu respektieren, indem ihr anderen in den Arsch kriecht und um eine Gehaltserhöhung bettelt. Macht euch endlich mal locker und lernt, nur für euch selbst so hart zu arbeiten. Ihr könnt mehr, als ihr denkt, aber es hat euch leider noch niemand gesagt. Gehaltserhöhungen steckt sich euer Chef schließlich viel lieber selbst in seine Tasche.

**Ihr habt zwischen 40 und 50 Punkte. Das bedeutet für euch:**
Ich bin stolz auf euch. Habt ihr auch nicht geschummelt? Ihr habt das Zeug zur Superreichen!

## Erläuterungen zu den Fragen

### 1. Welchen dieser Männer würdet ihr heiraten?
a) Harald Juhnke
b) Lothar Matthäus
c) Justin Bieber
d) »Kalikönig« Dmitry Rybolovlev

### Antwort a:
Falls ihr mit Harald Juhnke das Bündnis der Ehe eingehen möchtet, könnte das etwas schwierig werden. Er verstarb bereits vor einiger Zeit, und als er noch lebte, hatte er auch nur Augen für Hochprozentiges. Ihr wäret mit ihm bestimmt nicht glücklich geworden. Lasst mich raten! Bei der Auswahl eurer Geldanlage tappt ihr sicherlich genauso im Dunkeln wie bei der Wahl eurer Männer, oder? Gebt's doch zu! Ihr seid stolze Besitzerin eines Sparbuchs. Kopf hoch! Ich verspreche euch, das wird sich bald ändern.

### Und nun zu Antwort b:

Habt ihr euch für Lothar Matthäus entschieden, sieht die Welt schon etwas besser aus. Leider hat er schon so viele Scheidungen hinter sich, dass von einer ordentlichen Rendite nicht mehr auszugehen ist. Dumm gelaufen. Er gibt euch hoffentlich ein Dach über dem Kopf und kauft euch etwas zu essen, solange ihr mit ihm verheiratet seid. Immerhin ein kleiner Lichtblick. Wenn ihr Glück habt, schafft ihr es auch am Ende der Ehe ins Dschungelcamp. Bei eurer Geldanlage sieht's bestimmt auch noch etwas holprig aus. Lasst mich raten: Ihr besitzt einen Bausparvertrag und wartet schon seit Jahren darauf, dass er zuteilungsreif wird. Bauen wollt ihr zwar nicht, aber Lothar wird euch schon sagen, wofür ihr die niedliche angesparte Summe ausgeben könnt. Vielleicht reicht es ja für einen Besuch im Disneyland.

### Weiter geht's mit Antwort c:

Für alle, die Justin Bieber ausgewählt haben, sage ich: Respekt! Ihr habt Geschmack. Allerdings hoffe ich, ihr habt das Kreuz schnell wieder wegradiert, denn er ist doch noch so jung. Ich hoffe, er bricht euch nicht das Herz, denn heiraten wird euch Justin garantiert nicht! Er hat sich noch nicht einmal seine Hörner abgestoßen. In Bezug auf Investments gehört er zur Kategorie »Aufregender Womanizer«. Ihr verbrennt euch schneller die Finger, als ihr denkt. Vorsicht! Ihr seid ausgesprochen risikofreudig und das schätze ich sehr an euch. Allerdings müsst ihr noch viel lernen und Erfahrungen sammeln, damit ihr sicher an euer Ziel gelangt.

### Antwort d:

Habt ihr etwa »Kalikönig« Dmitry ausgewählt, ohne diesen Mann zu kennen? Sein beeindruckender Kontostand verhalf ihm zu Macht. Immerhin gehört er zu den einflussreichsten Menschen der Welt. Sein Vermögen wird auf 9,5 Milliarden Dollar geschätzt. Seine Ex-Frau Elena muss dank seiner Großzügigkeit nie wieder arbeiten gehen. Dmitry gab ihr nicht nur all seine Liebe, sondern schenkte ihr bei der teuersten Scheidung der Welt 4,5 Milliarden Dollar. Wie es sich für eine Frau von Welt gehört, hat sie ihm ordentlich die Kohle aus der Tasche gezogen, bevor sie sich endgültig von ihm verabschiedete. Der Verleger Rupert Murdoch hatte bislang den ersten Platz der weltweit teuersten Scheidungen verteidigt und muss sich nun mit dem zweiten Platz zufrieden geben. Seiner Frau Anna zahlte er nicht weniger als 1,7 Milliarden Dollar.

### 2. Was befindet sich aktuell auf eurer Watchlist?

a) Ein Mann
b) Zwei Männer
c) Aktien von Tupperware und eine Eigentumswohnung,
   die ihr vermieten möchtet
d) Ein Wohnblock

### Antwort a:

Ihr freut euch sicherlich schon auf eure Hochzeit und hofft, dass euer Mann danach alles für euch regelt und euch niemals verlässt. Mein Rat an euch: Schaut euch doch mal in eurem Freundeskreis um. Gibt es da gescheiterte Ehen? Ich möchte nur, dass ihr immer für den Ernstfall vorsorgt, damit ihr finanziell in allen Situationen über die Runden kommt.

### Antwort b:

Hut ab! Da sorgt jemand vor und streut sein Risiko. Totalverlust droht euch nicht, da ihr Plan A und B habt. Konzentriert euch aber zunächst auf eine Sache und lernt dazu, damit ihr nicht den Fokus verliert. Immerhin sind Männer wie Investments. Sie kosten Zeit und manchmal auch Geld, wenn man sich für die falsche Strategie entscheidet.

**Weiter geht's mit Antwort c:**
Ich finde es gut, dass ihr wisst, was ihr wollt. Weiter so!

**Antwort d:**
Respekt! Risiko macht euch keine Angst, sondern Spaß!

### 3. Was versteht ihr unter Reichtum?

a) Reich heiraten
b) Ein Lottogewinn
c) 1 Million Euro auf dem Konto
d) Automatische Einnahmen, die fließen, ohne dass ihr
   arbeiten müsst

**Antwort a:**
Schöne Antwort. Wir alle wollen reich heiraten! Aber wie stellt ihr euch das vor? Oder besser gesagt: Wo findet ihr einen reichen Mann? Gut aussehen sollte er ja schließlich auch, oder? Es wird sicherlich nicht leicht. Ich hoffe, ihr findet in diesem Buch eine weitere Lösung, wie ihr selbst euer Geld optimal managt. Einen reichen Mann braucht ihr dazu nicht zwingend.

**Weiter geht's mit Antwort b:**
Ich drück euch die Daumen. Kleiner Insider-Tipp: Die Wahrscheinlichkeit im Eurojackpot zu gewinnen, ist höher als beim deutschen Lotto 6 aus 49. Die Gewinnsumme ist überdies noch höher.

**Nun zu Antwort c:**
Ich hoffe, ihr wisst auch schon, wofür ihr es ausgebt und wofür nicht. Habt ihr schon Ideen, in welche Investments ihr es steckt?

**Antwort d:**
Herzlichen Glückwunsch! Ihr wisst, wie man ein erfolgreiches Leben führt.

### 4. Was sind eure Stärken?

a) Ihr könnt gut kochen

b) Ihr habt ein gutes Händchen für Innendekoration

c) Als Managerinnen besitzt ihr Know-how, Soft Skills und analytisches Denkvermögen

d) Eure Mitarbeiter

#### Antwort a:

Klar könnt ihr das. Aber mal ehrlich. Das kann doch fast jeder dank Jamie Oliver. Also. Denkt mal nach, ob ihr nicht noch andere Stärken besitzt.

#### Weiter geht's mit Antwort b:

Huhu! Das hier ist ein Finanzbuch. Also entweder habt ihr euch im Bücherregal vergriffen oder ihr versucht gerade, vom Thema abzulenken!

#### Nun zu Antwort c:

Wenigstens habt ihr das Zeug zur Supermanagerin. Dass ihr dabei reich und erfolgreich werdet, wünsche ich euch. Seid aber bitte vorsichtig, dass ihr euch euer Köpfchen auf dem Karriereweg nach oben nicht an der gläsernen Decke anstoßt.

#### Antwort d:

Herzlichen Glückwunsch! Ihr wisst, wie man ein glückliches Leben führt. Erfolg liegt euch in den Genen.

### 5. Wie oft pro Woche HABT IHR SEX?

a) Gar nicht

b) 1/52 (Anmerkung der Autorin: Das bedeutet ein Mal im Jahr)

c) zwei- bis dreimal

d) Mehrmals täglich

Ich weiß. Ihr seid jetzt etwas verwirrt und fragt euch, ob ihr aus Versehen einen Erotik-Thriller lest. Keine Angst! Diese Frage habe ich aus einem bestimmten Grund gestellt. Denn wenn Menschen lügen wie gedruckt, dann nur bei zwei Themen: Geld und Sex. Oder was glaubt ihr? Wäre »Fifty Shades of Grey« so erfolgreich geworden, hätten Menschen auch nur annähernd so viel Sex, wie sie behaupten? Ich glaube nicht. Denn dann hätten sie den Kopf frei für die Realität und würden nicht nach Illusionen gieren, die ihnen in Wahrheit Angst machen. Angst, dass sie nicht dazugehören. Angst, dass ihr Leben nicht aufregend genug sein könnte. Geld ist ein weiteres Thema, dass uns Menschen genauso viel Angst macht. Angst, nicht mithalten zu können. Wir vergleichen uns gerne mit unseren Mitmenschen und kaufen teure Autos, Designerklamotten und Homeshopping-Ramschware. Hauptsache, wir sehen reicher aus, als wir in Wahrheit sind. Schluss mit dem Mainstream-Denken! Schwimmt ab jetzt gegen den Strom! Belügt euch niemals selbst. Führt euch immer euer Ziel vor Augen. Was andere gut finden, interessiert euch nicht. Schließlich warten sie nur darauf, dass ihr scheitert. Sie tun es aus Gier, Hass und Missgunst. Tiere töten, um zu überleben. Menschen tun es aus Spaß. Einige von ihnen nennt ihr eure Freunde.

## Für manche ist es die schönste Sache der Welt, für andere ist es der Inbegriff der Vorhölle: Geld!

Herzlich willkommen in der Finanzwelt! Darf ich vorstellen? Weiblich, 35 und sesshaft inmitten eines Großstadtdschungels. Voller Erwartungen an die bevorstehende ernste Phase im Leben, den Nestbau, überzeugt mich die Realität täglich aufs Neue: Es ist nicht einfach, aus dem Dasein einer armen und überqualifizierten Angestellten zu entfliehen. Ich will endlich ein Kind, am besten zwei oder drei. Aber ich kann es mir nicht leisten! Ihr fragt:»Warum?« Weil es in Großstädten nur sehr wenige attraktive und heiratswillige reiche Männer gibt. Bevor ich anfange, die Osteuropa-Strategie anzuwenden und aufs Aussehen meines Partners zu sch***, sorry, ich meine pfeifen, suche ich nach einer angenehmeren Lösung. Es muss doch irgendwie möglich sein, sich ein dickes Finanzpolster aufzubauen, ohne dabei auf einen Mann angewiesen zu sein.

Der Weg dahin führt geradewegs auf dieses Buch zu. Betrachtet es einfach als eine Investition in ein Leben ohne finanziellen Frust. Geld zählen soll endlich wieder Spaß machen. Herr Hoeneß hat es uns vorgelebt, bis man ihn einsperrte. Schließlich entspricht er nicht dem anständigen deutschen Weltbild, das Geld verabscheut. Man sperrt solche Menschen lieber gleich weg und schreibt böse Sachen über sie. Hauptsache, das Volk bleibt verängstigt und findet keinen Gefallen an verlockenden finanziellen Zaubereien. Sparen soll es! Für die Rente. Es weiß aber nicht wie und wie viel, denn so etwas lernt man nicht in der Schule. Wenn's um Geld geht, gibt es schließlich die Bank um die Ecke. Da findet man tolle Produkte, wie zum Beispiel einen Bausparvertrag. Für die Altersvorsorge gibt es dort die Riester- oder Rürup-Rente zum preiswerten Sondertarif. Das wirft doch genug ab, unter anderem Steuern für den Staat. Ein Herr Hoeneß passt mit seinem aggressiven Sparverhalten leider nicht in ein so korrekt geordnetes System, das hochverschuldet von stetig wachsenden Steuereinnahmen abhängig ist. Hoffentlich fängt er nicht noch an, ein Buch darüber zu schreiben, wie man sein Geld schnell und ordentlich vermehrt! Das wäre eine Katastrophe. Notfalls sperrt man ihn dann gleich noch einmal ein, um ihm zu zeigen, wie Ordnung funktioniert und was man darunter versteht. Schon lange warte ich auf eine Buchveröffentlichung von ihm. Vielleicht bringt er uns endlich die Welt der Kapitalanlage einfach und verständlich bei. Meine Ungeduld ist allerdings so groß, dass ich mich dazu entschließe, ihm vorauszueilen und euch das Thema in eigenen Worten schmackhaft zu machen. Ich bin gespannt, wann er sich meiner Idee anschließt und Deutschland weiterhin ein gutes Vorbild abgibt.

Ein anderes fällt mir an dieser Stelle leider nicht ein. Doch! Ansgar von Lahnstein aus »Verbotene Liebe«. Aber auch die Lieblingssendung aller Frauen wurde abgesetzt, damit die Damenwelt bloß keinen Gefallen an Reichtum findet. Denn: Armsein ist in. Der beste Beweis dafür ist das TV-Spektakel »Die Lindenstraße«. Keine andere Sendung spiegelt unser Weltbild besser wieder. Wer in diesem Land reich sein will, gehört einfach nicht dazu. Wie die Lemminge orientiert man sich an der Masse. Einer gleicht dabei dem anderen, ohne es zu wissen. Die Ausmaße dieser Konformität bringen das Land langfristig zum Erlahmen. Wer passiv ist, zählt zu den Gewinnern und wird mit einer beachtlichen Steuerlast belohnt, Erfolg wird bestraft. Man sucht schnell nach irgendwelchen Dingen, mit denen man dem Erfolgreichen umweltschonend und möglichst nachhaltig das Ende seiner Karriere bereitet. Dann freut man sich, dass es wieder einen neuen »Biggest Loser« gibt, den man durch den medialen Dreck ziehen kann. Und weiter geht's: Wo ist der Nächste, auf den man neidisch sein muss? Vorschläge können gerne über meinen Facebook-Account eingereicht werden. Zu verlosen gibt es ein Bausparvertragsangebot von Werner und einen nagelneuen Schlafanzug der Homeshopping-Frühjahrskollektion. Bitte reicht mit den Verlierer-Vorschlägen eure Konfektionsgröße ein ...

## Zahltag: Das Gehalt ist da!

Es ist Freitagabend, 19 Uhr: Zeit zum Ausgehen, gäbe es da nicht ein kleines Problem. Ich bin pleite. Und das am 10. des Monats! »Irgendetwas stimmt hier nicht«, denke ich und überlege, wo mein Geld geblieben ist. Ich kann mich ehrlich gesagt nicht an etwas Sinnvolles erinnern, wofür ich es ausgegeben hätte, jedenfalls nichts, was mir Spaß bereitet hätte. Das liest sich dann jeden Monat ungefähr so:

Zu meinen monatlichen Ausgaben gehören:

✓ Miete für meine geräumige Ein-Zimmer-Wohnung in Münchens Stadtmitte

✓ meine BMW-Leasingrate

✓ Benzinkosten

✓ der Mitgliedsbeitrag fürs beste Fitnessstudio der Stadt plus 10er-Karte für die Spezialkurse

✓ der Beitrag für meinen Bausparvertrag

✓ Lebensmitteleinkäufe

✓ Zigaretten

✓ Friseur und Nagelstudio

✓ Kreditkartenabrechnung

✓ Telefonrechnung

✓ Kreditraten für meinen Fernseher, mein neues iPhone und meine Möbel

✓ die Rate für Kabelfernsehen und Internetanschluss

✓ Versicherungsbeiträge für Haftpflicht-, Unfall-, Berufsunfähigkeit-, Rechtsschutz-, Zahnzusatz-, private Altersvorsorge-, Hausrat- und Lebensversicherung.

Von meinem Nettogehalt in Höhe von 2.400 Euro bleibt sogar noch etwas übrig! 50 Euro für zwei Wochen bis zum nächsten Gehaltseingang. Eins ist ganz sicher: Ich werde auch diesen Monat überleben, und zwar mithilfe meiner Eltern. Übrigens, ein kleiner Wochenendausflug wäre schön. Regelmäßig schaue ich im Internet nach Last-Minute-Schnäppchen. Andere Leute fahren doch auch ständig in den Urlaub. Entsetzt bemerke ich, dass ich etwas vergessen habe! Ich besitze keine Auslandskrankenversicherung und schreibe es schnell auf meine To-do-Liste mit dem Vermerk: »Montag: Oliver anrufen, Versicherungsangebot anfordern.« Irgendwie fühle ich mich mit all meinen Versicherungen recht sicher, so dass ich nachts gut schlafen kann. Schließlich lauern seit meinem Berufseintritt überall Gefahren. Es geht einfach nicht ohne die ganzen Vorsorgemaßnahmen!

Die Leute, die ich kenne, bestätigen es mir – und das sogar mehrmals am Tag. Man wird permanent von allen Seiten gewarnt und hat Angst, es seinen Kollegen nicht gleichzutun. Gemeinsam klagt man dann ab Monatsmitte, wie lange es noch dauert, bis das nächste Gehalt eingeht. Zufrieden stellt man darüber hinaus fest, dass auch die lieben Kollegen pünktlich ab Monatsmitte am Hungertuch nagen. Irgendwie fühlt man sich verstanden und scherzt täglich aufs Neue über sein finanzielles Leid. In seltener Eintracht wartet man dabei insgeheim auf die Erlösung durch den bereits lang ersehnten Renteneintritt. Ab dann wird alles garantiert besser, denn man würde dann bestimmt keine finanziellen Sorgen mehr haben. Immerhin ist man doch bestens rentenzusatzversichert. Wenn ich an das Thema »Geldverdienen« denke, hört bei mir mit jeder Gehaltsabrechnung der Spaß auf und mir wird ganz flau im Magen. Jeden Monat hefte ich das triste Blatt Papier mit den Abrechnungszahlen und den vielen verwirrenden Abzügen schnell und ordentlich in meinem Gehaltsordner ab. Ich denke nicht weiter darüber nach, ob ich mir meine Zukunft überhaupt leisten kann oder ob ich mir nicht besser gleich einen Strick nehmen soll. Da ich sehr ängstlich bin und keine Garderobe besitze, stelle ich mich tapfer und blauäugig meiner Zukunft – Frauen kennen schließlich keinen Schmerz! Und unseren ausländischen Nachbarn geht es noch viel schlechter als uns. Trotzdem verfolgt mich mein Gehaltszettel wie ein immer wiederkehrender Albtraum jeden Monat aufs Neue, bevor ich dieses Thema wieder zukunftsbejahend für die nächsten vier Wochen verdränge.

**Wie alles begann: Von der Hochschulabsolventin zur Junior-Referentin**
Oft denke ich an meinen Berufseinstieg und meinen allerersten Gehaltseingang zurück. Ich war stolz auf mich und meine neue Stelle als Referentin, was immer das auch bedeutet. Es klang jedenfalls sehr professionell und intellektuell. Endlich gehörte ich zu denen, die es geschafft hatten. Immerhin blickte ich stolz auf mehrjährige Auslandsaufenthalte zurück und verfügte über zwei Hochschulabschlüsse mit anschließender Festanstellung bei einem renommierten internationalen Unternehmen. Mit meinem Verdienst lag ich sogar über dem deutschen Durchschnitt, gefühlt jedenfalls, wenn ich nur die Bruttosumme ganz oben betrachtete. Die vielen kleingedruckten Abzüge darunter machten mich immer besonders traurig und ich habe sie seitdem ignoriert. Ich versuchte einfach weiter wie bisher, optimistisch und sorglos durchs Leben zu gehen. Bald würde ich bestimmt keine finanziellen Probleme mehr haben! Endlich konnte ich mir einen anständigen Urlaub leisten. Banken boten mir plötzlich Kredite an und wurden zu einem wichtigen Bestandteil meines Facebook-Freun-

deskreises. Sie wussten genau, was ich alles für den perfekten Berufseinstieg brauchte. So gehört es sich schließlich für einen richtigen Freund. Wenn man ihn braucht, ist er für einen da und hilft, wo er nur kann. Auf einmal gab es jemanden, der mich wirklich verstand, der für mich sieben Tage die Woche, 24 Stunden am Tag da war und mir seitdem regelmäßig finanziell auf die Beine hilft. Manchmal bekomme ich sogar eine Weihnachtskarte von meinem Bankenfreund, auch diese hefte ich in meinem Vorsorge-Ordner ab. So etwas Nettes bekommt man mittlerweile sehr selten. Man sollte es zu schätzen wissen, wenn man jemandem wirklich noch etwas bedeutet.

### Shoppen für den Ernst des Lebens

Mein kleines Shopping-Highlight zum Berufseinstieg war nicht ganz billig. Ich musste nur kurz überlegen, was auf die Einkaufsliste gehört, und stellte überrascht fest: Das Geld reicht hinten und vorne nicht für essenzielle Dinge, wie ein schönes neues Auto, exklusive Möbel, ordentliche Büro-Outfits und eine größere Wohnung. Als arme Hochschulabsolventin mit BWL- und VWL-Diplom konnte ich mir all das ohne meine Hausbank nicht leisten. Trotzdem war sie seitdem immer für mich da. Bisher hat sie mich nie enttäuscht, was ich im Gegenzug von langjährigen Freunden nicht behaupten kann. Viele meiner Freunde waren plötzlich mit der Karriere und großzügiger Familienplanung intensiv beschäftigt. Mein Facebook-Freundeskreis wurde dadurch im Laufe der Zeit immer überschaubarer. Er besteht seitdem hauptsächlich aus meinen Finanzfreunden, dem attraktiven Versicherungsfachmann und dem netten Bankmitarbeiter, der mich gerne berät, wenn's ums Geld geht. Erst kürzlich hat er mir einen Bausparvertrag mit einer günstigen monatlichen Rate fast geschenkt. Ohne ihn hätte ich diesen sicher vergessen und würde eines Tages am finanziellen Abgrund stehen. Herzlichen Dank an dieser Stelle, lieber Werner und lieber Oliver, dass ihr mich stets so kompetent beratet und euch um meine Absicherung kümmert!

Endlich war ich an meinem Ziel angekommen und startete als Berufseinsteigerin hochmotiviert durch. Das war im Jahr 2006. Seitdem ist einige Zeit vergangen und ich ziehe eine Zwischenbilanz. Was habe ich bisher erreicht? Zu meinem Erschrecken erkenne ich, dass die Antwort recht einfach ist: **NICHTS**. Ich mag es normalerweise, wenn man Dinge kurz und knapp auf den Punkt bringt. Was ich nicht mag ist, wenn die Antwort nicht zu meinen Gunsten ausfällt. **NICHTS**. Dieses Wort schlägt mir so auf den Magen, dass mir übel wird. Ich gehe kotzen ...

## Wochenende: Zeit zum Nachdenken

Es ist Freitagabend, 19 Uhr, Zeit zum Ausgehen, nur gibt es ein Problem: Ich bin pleite. Schnell fasse ich einen grundlegenden Vorsatz, der mein Leben möglichst bald ändern soll. Mit ändern meine ich optimieren, verbessern, effektiv gestalten: Ich will mir ein Finanzpolster schaffen, das mich stark und selbstbewusst macht. Das fiese Wort **NICHTS** soll sich in Luft auflösen, ich möchte nie mehr das Leben einer armen und verschuldeten Angestellten führen. Anderen Menschen will ich zeigen, wie einfach es geht, mit dem relativ knappen Gehalt eines Singles ein kleines Vermögen anzuhäufen. Seid ihr bereit für eine Zukunft als Finanz-Diva? Dann folgt mir durch dieses Buch und lasst euch überraschen, wie spannend es sein wird.

Hört endlich auf, euch selbst zu belügen! Hört endlich auf, euch selbst zu bemitleiden! Hört endlich auf, ein armseliges Würstchen zu sein, dem man sein spärliches Gehalt mit hinterlistigen Marketingsprüchen reuelos und demütigend aus der Tasche zieht. Das Sado-Maso-Zeitalter der herrschenden Pseudo-Versicherungs- und Bankberater hat nun ein Ende. Wenn ab heute jemand die Peitschenhiebe austeilt, dann sind wir es selbst. Und mit jedem Tag, an dem unser finanzielles Back-up wächst, macht es uns mehr Spaß, noch gewaltiger zurückzuschlagen. Ich freue mich jetzt schon darauf! Und ihr?

Ich wünsche euch auf jeden Fall viel Spaß beim Lesen und mit eurem neuen Hobby, das ihr mit mir teilt: der Leidenschaft für Geld.

### Bis dass der Tod uns scheidet! Die Gehirnwäsche beginnt

>*»Der Arme sagt: Ich kann mir das nicht leisten!*
>*Der Reiche sagt: Was muss ich tun, damit ich mir das*
>*leisten kann?«*

Karl Pilsl (österreichischer Wirtschaftsjournalist)

Frauen lieben Treueschwüre. Da es Männer mit der Treue nie besonders ernst meinen, habe ich meinen Glauben an die Männerwelt bereits verloren. Nichtsdestoweniger vertraue ich auf Bündnisse und Treuegelübde. »Wie du mir, so ich dir.« Meinen zukünftigen Partner stelle ich mir sehr liebevoll, international anerkannt und fürsorglich vor. Er darf gerne in Form eines Euroscheins mit mir das Bündnis der Ehe eingehen. Viel lieber hätte ich ihn jedoch als Dollarnote an meiner Seite, da ich seit meiner Kindheit großer Fan des angloamerikanischen Raums bin und an sein langfristiges Wachstumspotenzial glaube. Amis fand ich schon immer cooler im Vergleich zu uns und unserer Bausparmentalität, sie sind mutiger und aufgeschlossener vor allem, was das Finanzgeschehen angeht. Ihr würdet mich jetzt gerne mit eurem Hausschuh bewerfen und die Amis als oberflächlich bezeichnen? Nur zu! Ich sehe es euch nach. Jedoch müssen wir uns ein Vorbild suchen, das unser neues Hobby teilt. Gerne führe ich euch noch einmal in einer kurzen Zusammenfassung vor Augen, was ich euch mit diesem Kapitel lehren möchte und wieso ihr dieses Buch lest.

Ich liebe Geld!
Du liebst Geld!
Er/sie/es liebt Geld!

Wir lieben Geld!
Ihr liebt Geld!
Sie lieben Geld!

Also worauf wartet ihr noch? Holt es euch! **JETZT!**

Prägt euch dieses Gedicht bitte ganz fest ein. Es wird sicherlich an einigen Stellen holprig und ihr müsst bereit sein, Grundlegendes in eurem Leben zu ändern und zu akzeptieren. Jahrzehnte hat man schließlich versucht, euch zu programmieren, indem man euch Dinge einredete, die euch daran hinderten, zu Reichtum zu gelangen. Ihr glaubt leider sehr fest daran. Es wird nicht einfach, das zu ändern und euch zum Umdenken zu motivieren. Einen Versuch ist es allerdings wert.

**Programmieren? Hä? Wieso? – Nichts ist umsonst! Deswegen!**

»Der Mensch kann nicht zu neuen Ufern vordringen,
wenn er nicht den Mut aufbringt,
die alten zu verlassen.«

André Gide (französischer Schriftsteller, 1869 – 1951)

Ein Sozialstaat ist nicht billig. Ihr glaubt mir nicht? Schaut doch mal im Internet nach unter: **WWW.STAATSSCHULDENUHR.DE**. Im Sekundentakt erhöht sich die staatliche Schuldenlast Deutschlands um 1.556 Euro. Der Grund dafür ist der riesige Schuldenberg des Landes. Seit Jahren wird er immer größer. Die Gelddruckmaschine läuft trotzdem fröhlich weiter. Wie unser Staat mit diesen Maßnahmen der Schuldenfalle entkommen soll, ist mir ein Rätsel.

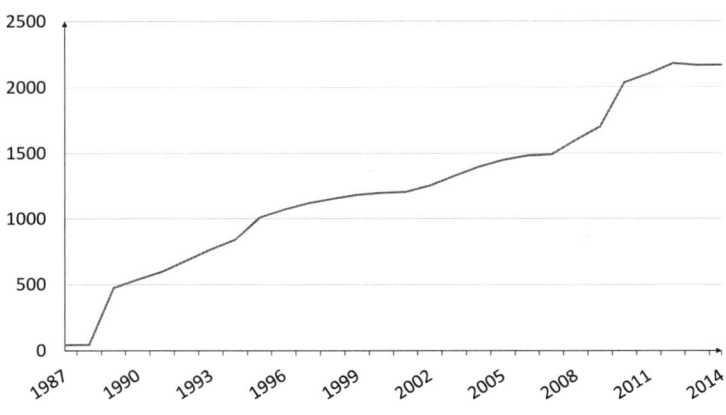

**Abbildung 1:** Staatsverschuldung in Deutschland, in Mrd. Euro im Jahresverlauf, Quelle: www.staatsschuldenuhr.de

Während die deutsche Pro-Kopf-Verschuldung bei ungefähr 26.827 Euro liegt, ist dieser Wert in den USA mit 57.753 US-Dollar mehr als doppelt so hoch. Wie ihr seht, geht es unserem Sozialstaat nicht wirklich gut. Genau wie uns selbst bereitet ihm Geld ständiges Kopfzerbrechen. Deswegen braucht er uns. Denn: Nur wir erhalten ihn am Leben, indem wir ihm jeden Wunsch erfüllen. Ihr fragt euch, was sich denn ein Sozialstaat wünscht? Schließlich erfüllt er **EUCH** doch jeden Wunsch und schenkt **EUCH** kostenlose Bildung, ein kostenloses Studium und ein Hartz-IV-Lotterleben, falls es mal hart auf hart kommt. Aber in Wirklichkeit folgt ihr **SEINEM** Plan. Ihr sollt eins mit ihm werden und seine Befehle ausführen. Er lenkt gezielt mit unterhaltsamen Nachrichten die kleinen Gehirne seines großen Volkes. Demokratisierung nennt er das. Der schottische Moralphilosoph Adam Smith (1723 – 1790) nannte es »invisible hand«, die unsichtbare Hand. Ich würde es anders bezeichnen, damit jeder versteht, wie man die bereits beschriebene Volkskonformität mühelos erreichen kann: mit Manipulation. Seit eurer Geburt wird alles vorgegeben. Die Kindererziehung in der Krippe folgt schon einem Lehrplan. Die Kleinen bleiben passiv und lernen, was zu lernen ist. In der Schule wird der Lehrplan erweitert. Es kommen lustige Fächer hinzu. Die Kleinen werden schnell zu gehorsamen Großen, die mit Allgemeinwissen glänzen. Geschichtsdaten werden auswendig gelernt, in Ethik erfährt man, was sich gehört, und in Religion wird unterrichtet, wieso diese Welt aus verschiedenen Perspektiven betrachtet werden kann. Im Vordergrund steht aber hauptsächlich unser Weltbild. Der Rest wird beiläufig erwähnt und schnell wieder beiseitegeschoben.

Man lernt aber wenigstens, dass es in vielen anderen Ländern nur drunter und drüber geht und dass die armen Menschen von anderswo alle bei uns Zuflucht suchen. Denn uns geht es gut, und das hat sich anscheinend schon überall auf der Welt herum gesprochen. Bestimmt liegt's am Mindestlohn, der laut Hans-Werner Sinn (ehemaliger Präsident des »ifo Instituts«, des Instituts für Wirtschaftsforschung an der Universität München) die schlecht qualifizierten Mitarbeiter massenweise anzieht. Und wir müssen die jetzt alle irgendwo unterbringen und durchfüttern. In Klassenstufe 5 kommt ein tolles Fach hinzu: Sozialkunde. Man lernt hier die Grundlagen der staatlichen Institutionen kennen und stellt zufrieden fest: Wir können und sollen uns über nichts beschweren. Unsere Politiker kümmern sich um kritische Themen. Und ihr geht bitte regelmäßig wählen, damit es auch in Zukunft keine Probleme in diesem Land gibt! In Mathematik wird Geometrie besonders intensiv ab der Klassenstufe 5 gelehrt. Noch heute liebe ich es, mit dem Zirkel Kreise zu zeichnen. Wozu man so etwas allerdings im Leben braucht, weiß ich nicht. Was man in der Realität nicht anwenden kann, macht keinen Sinn und auch keinen Spaß. Alles, was keine Freude bereitet, wird vom Gehirn sofort wieder gelöscht. Prozentrechnung wurde in der sechsten Klasse gelehrt, aber täglich fällt mir auf, dass viele Menschen sie anscheinend nie richtig verstanden haben. Dafür können sie ausgezeichnet singen, malen und über Kunst, Sport und Politik diskutieren. An eine angeregte Unterhaltung über Geld kann ich mich leider nicht wirklich erinnern. Irgendwie sah das der Lehrplan nicht vor. Da gab es einfach keinen Platz mehr für so etwas Banales. Nur einmal startete ich eine Umfrage während des Mittagessens und fragte in die Runde, wer denn auch gerne Millionär werden möchte. Die erhoffte Euphorie blieb jedoch aus, stattdessen erntete ich böse und verständnislose Blicke. Ich hatte mich wohl im Ton vergriffen. Hätte ich doch damals besser im Ethikunterricht aufgepasst, als gelehrt wurde, dass anständige Menschen nicht über Geld sprechen! Mit neuen Themen wird man in diesem Land gleich ausgegrenzt. Bleibt also lieber weiterhin beim Wetter, Fußballergebnissen vom Lieblingsverein eures Chefs und mobbt mit euren Kollegen das aktuell verhasste Zielobjekt der Chefsekretärin. Wenn es um Geld geht, bleibt bitte unauffällig und baut heimlich ein kleines Vermögen auf. Das ist auch besser so, denn sonst wollen die anderen am Ende noch etwas davon haben.

**Ein neuer Plan muss her! Der ultimative Überlebens-Guide**

*»Große Geister haben Ziele, andere haben Wünsche.«*

Washington Irving (1783–1859, US-amerik. Schriftsteller)

Das Modell der Boston Consulting Group soll euch euer neues Weltbild leicht verständlich veranschaulichen. Es ist immer wichtig, Dinge einzugruppieren um zu erkennen, wo man sich aktuell befindet und wo man langfristig hin möchte.

# BCG-Matrix

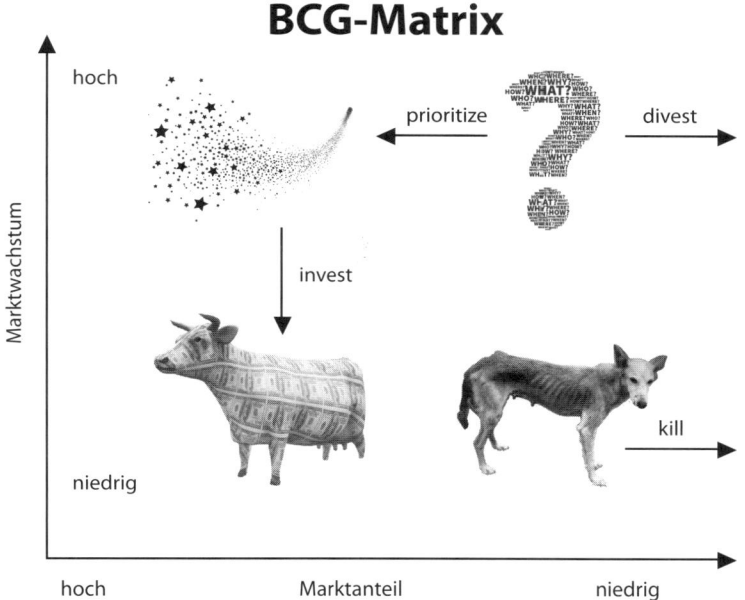

**Abbildung 2:** Boston Consulting Group Portfolioanalyse, Quelle: Eigene Darstellung

## Cash-Cow-Kategorie: Die Unternehmer

Die Abbildung unterscheidet vier Kategorien. Die Cash Cow mit hohem Marktanteil und stetigem sowie bereits erzieltem Marktwachstum nehmen wir zuerst in Augenschein. Setzen wir zunächst den Marktanteil gleich mit einem hohem Einkommen bei nachhaltigem Einkommenszuwachs. Unternehmer sind die Cash Cows dieser Welt. Ich spreche hier nicht vom Business-Kasper, den wir aus dem Büroalltag kennen, sondern von den Firmengründern, die wir selten so vorfinden, wie wir sie uns gerne vorstellen: reich und schön. In Wirklichkeit agiert der Firmengründer meistens im Hintergrund. Dort lebt er sparsam und geizig das Leben eines Hausmeisters, um in der Hausmeisterwohnung umsonst wohnen zu dürfen. Nachts geht er seinen ausgefallenen Hobbys nach und sammelt Pfandflaschen. Seine Devise lautet: Urlaub machen heißt Stillstand und Geldverbrennen. Ihr glaubt mir nicht, oder? Klaus Zapf (1952 – 2014) war das Paradebeispiel eines Multimillionärs, der als Umzugskönig ein Imperium hinterlassen hat. Reichtum sieht man den stinkreichen Menschen nicht an. Selbst seine Frauen musste Klaus sich mühselig aus Zeitungsannoncen suchen, da sie ihm sonst niemals geglaubt hätten, dass er zu den reichsten Männern dieses Landes gehörte. Unter der Rubrik »Millionär gesucht« fand er schließlich doch noch eine Gattin.

## Poor-Dogs-Kategorie: Die Angestellten

Leider wird es den meisten von uns besonders schwer gemacht. Trotz geringem Einkommen liegt auf uns im Vergleich zur Cash Cow eine hohe Steuerlast. Das Problem sprach ich bereits zu Beginn an, indem ich meinen Gehaltszettel am Rande erwähnte. Unser Einkommens-Wachstumspotenzial ist dadurch leider minimal.

Kopf hoch! Wir lassen uns etwas einfallen, wie wir mit der schwierigen Situation zurechtkommen können.

## Die Fragezeichen-Kategorie: Hartz-IV-Empfänger

Gerade diese Kategorie verfügt über ein geringes Einkommen, aber dessen Wachstumspotenzial ist aufgrund von vielseitigen staatlichen Fördermaßnahmen als gegeben anzusehen. Um letztere geschickt auszuweiten, muss man sich nur langfristig und wissend in das System integrieren. Darauf möchte ich hier aber nicht näher eingehen. Unser Ziel ist es, die anderen Gruppen näher zu betrachten.

## Die Sternchen-Kategorie: Erben und Lottogewinner
### Tipps von Unternehmern für Unternehmer

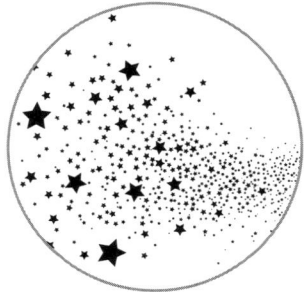

In dieser Kategorie gibt's was geschenkt! Eine geringe Steuerlast ermöglicht ein wunderbares Leben. Da viele Menschen weder über Geld nachdenken, noch darüber lesen oder reden, wird das geschenkte Geld zusehen, dass es seinen Besitzer schnell verlässt und sich einen neuen sucht, der es wirklich liebt. Versteht ihr jetzt den Grund für das Geld-Gedicht im Abschnitt »Bis dass der Tod uns scheidet?« Geld wird nur diejenigen belohnen, die es mit dem notwendigen Respekt behandeln. Es wird alle verlassen, die es für materielle Dinge ohne Wertbestand verschwenden. Umzugskönig Klaus Zapf hatte das verstanden. Er wurde mit langfristigem Reichtum belohnt. Geld ist eine knappe Ressource, vor allem dann, wenn man es unüberlegt ausgibt. Sobald man glaubt, viel davon zu besitzen, wird es einer Fata Morgana gleichen. Es verschwindet, sobald man danach greift.

Der Verlassene wird nie über dessen Verlust hinwegkommen. Er wird sein restliches Leben unglücklich sein und sich Vorwürfe machen. Wieso er plötzlich wieder arm ist, versteht er nicht. In dieser Kategorie ist der Wechsel zu den Poor Dogs sehr wahrscheinlich. Verschwendung führt zu Euphorie. Euphorie führt zu Fehlern.

### Der Business-Kasper lebe hoch!

*»Das Geheimnis der Veränderung: verschwende deine Energie nicht im Kampf gegen das Alte, sondern nutze sie, um Neues zu erschaffen.«*

Sokrates (griechischer Philosoph, 469 – 399 v. Chr.)

Nachdem ich beginne, mich nach einer leicht verständlichen Finanzlektüre im Buchladen umzusehen, breche ich schon bald vorm Bücherregal in Tränen aus. Dem Business-Kasper sei gedankt! Immerhin lerne ich viele sexy Anglizismen kennen: Lean Management, Subprime-Krise, Show-Stopper, Management by Exception, MILF. Ich verstehe kein Wort. Es gibt irgendwie kein brauchbares Material, das mir zeigt, wie man sein weniges Geld vermehrt. Schnell greife ich zum »Börsenwissen für Dummies« und frage mich beiläufig, wen es zuerst gab. Den Business-Kasper oder die Finanzkrise. Schließlich ist er ja schuld daran, dass sich in Deutschland niemand für Geld interessiert. Folglich machten es alle falsch und es kam zu einer Krise. Auswege aus der Krise gibt es irgendwie nicht. Ratlos und skeptisch fragt man sich, ob überhaupt irgendjemand die komplexe Finanzwelt durchblickt. Kaum einer dieser Buchcover-Männer in teuren Anzügen vermag auch nur einen verständlichen deutschen Satz dazu von sich zu geben. Denn das wäre ja irgendwie nicht intellektuell. Ich erinnere mich an eine aktuelle Business-Kasper-Bücherreihe. Auf den Fotos wirkt der Autor eitel, arrogant und selbstverliebt. Den armen Möchtegern-Leser verjagt er gezielt mit seinem elitären Grinsen vom Regal. Finanzthemen machen so natürlich keinen Spaß. Sie zu lesen gleicht einer Tortur. Frauen grenzt man gleich komplett aus, denn für sie gibt es in der Männerdomäne keinen Platz, sondern nur in ihrer Mindestlohnkaste. Hier dürfen sie sich dumm und dusselig arbeiten, bis sie gegen eine Jüngere ausgetauscht werden. Begründung: akute Schwangerschaftsgefahr. Sie könnte die anderen damit anstecken. Kein Wunder! Kaum ein Buch spricht eine Frau an, sondern angesprochen wird nur der coole Business-Kasper, der morgens mit ernstem Blick in seinem geleasten Audi Q7 mit stylischer Ray-Ban-Sonnenbrille an uns vorbeirast. Sein Fenster ist dabei leicht geöffnet, damit seine Housebeats auch wirklich jeden erreichen und beweisen: Er hat's geschafft! Der kann sich bestimmt auch neben einem Fünf-Sterne-Deluxe-Urlaub einen wöchentlichen Bordell-Besuch locker leisten. Zurück zum Bücherregal und mir als einzigen potenziellen Kunden eines Finanzbuchs.

Wieso stehe ich hier eigentlich ganz allein? Ich schaue mich verwundert im Laden um. Mein Blick schweift zu der Ecke mit den neuen Kochbüchern mit veganen Rezepten, der Paleo-Diät und glutenfreien Kochideen. Detlef D! Soost fällt mir mit seiner »I-make-you-sexy«-Bücherreihe auf. Die gefällt mir. Er wirkt sympathisch und ist sowas von durchtrainiert. Eine riesige Menschenmenge tummelt sich dort. Niemand schenkt mir Beachtung. Sogar im Buchladen fühlt man sich ausgegrenzt, sobald man sich dem Finanzregal nähert. Ich habe Angst. Was, wenn ich an der Kasse für mein anormales Interesse an Business-Kasper-Büchern mit einem Preisaufschlag bestraft werde? Was, wenn man mir Hausverbot erteilt? Soll ich lieber im Internet bestellen? Schnell lege ich mir eine Ausrede für den Bezahlvorgang an der Kasse zurecht. Falls mich jemand fragt, was ich mir dabei gedacht habe, so etwas zu kaufen, ist meine Ausrede zwar schlecht, aber besser als gar keine. Ich würde sagen, es sei für einen Freund.

## Angst ist an allem schuld!

*»Es gibt keine Grenzen. Nicht für Gedanken, nicht für
Gefühle, nicht für Ziele. Nur die Angst vor dem Versagen
setzt unsere Grenzen.«*

Karl Pilsl (österreichischer Wirtschaftsjournalist)

Erinnert ihr euch noch an die Schulzeit? Kurz vor Ferienende bekam man plötzlich schlechte Laune und wurde schweigsam. Bereits am Samstagabend schlief man schlecht und von Sonntag auf Montag wälzte man sich unruhig im Bett hin und her. Morgens wachte man mit Bauchschmerzen auf und stieg mit trauriger Miene aus dem Bett. Die Angst vorm neuen Schuljahr war wieder da. Der ganze Stress ging wieder von vorn los. In der höheren Klassenstufe musste man sich bestimmt noch viel mehr anstrengen. Meine Oma spricht nur ungern über diese Zeit, da ich morgens schon kotzend über ihrer Kloschüssel hing. Ich hasste die Schule! Jeder Schultag machte mir große Angst. Ich wusste, dass man dort nur zugemüllt wird mit irgendwelchen unnützen Theorien und Daten, die man im späteren Leben nicht mehr braucht. Unnützes Wissen ist lästig und demotivierend. So etwas macht keinen Spaß. Der Lerneffekt bleibt aus, und folgerichtig versucht das Gehirn, das Gelernte ganz schnell wieder zu löschen.

Wieso musste man auch im Sportunterricht Leistungstests durchführen? Einmal schrieben wir einen Volleyballtest über Volleyballregeln. Einfach lächerlich! Kein Wunder, dass Deutschlands Kinder immer dicker werden, wenn sie auch im Sportunterricht Tests schreiben. Da vergeht jedem Kind der Spaß an Bewegung. Nächstes Fach: Geometrie. Wieso gab es Noten für Dinge wie Quadrate zeichnen? Und warum erstellen Kinder noch heute ihre Quadrate mit der Hand und nicht am PC? Ich habe keine Ahnung, was diese veralteten, aber billigen Lehrmethoden bringen sollen. Hoffentlich lehrt man den Kindern irgendwann, worauf es wirklich im Leben ankommt, damit sie in der Neuzeit überleben. Ich erinnere an die Kurvendiskussion. Hier gab es sogar eine Schablone für besonders schöne Kurvenzeichnungen. Es wurde gezeichnet und jede Kurve diskutiert. Aktienkurven wurden leider nie erwähnt. Denn über Geld und alles, was damit zusammenhängt, spricht man nicht. Der Lehrplan ist so starr und unflexibel, dass er kaum vom Plan der vergangenen Jahrhunderte abweicht. Ich erinnere mich noch gut an diese Schulzeit: Passiv sitzt man Jahr für Jahr im Unterricht seine Stunden ab und hofft, nicht vom Lehrer aufgerufen zu werden. Die Angst vor falschen Antworten ist groß. Die anderen könnten ja darüber lachen. Abstraktes und praktisches Denken wurde in der Regel mit schlechten Noten bestraft. Abweichungen sind laut Lehrplan nicht zulässig. Der Lehrer kennt schließlich kennt schließlich nur richtig und falsch. Lehrer sind zudem mit zu großen Schulklassen komplett überfordert. Sie sind froh, wenn sie ihre Ruhe vor den vielen respektlosen Schülern haben. Ihnen fehlt jeglicher Anreiz, Schulkindern als Wegweiser für die Zukunft zu dienen. Schüler sind dadurch mit der Entscheidung über ihre Berufswahl komplett überfordert. Sie wissen leider nicht, an welchen Berufen sie großen Spaß haben könnten. Niemand kann und will es ihnen sagen. Anstelle von Religionsunterricht wäre ein Berufswahlkurs eine gute Idee. Die sogenannten »Patriotischen Europäer gegen die Islamisierung des Abendlandes« – kurz PEGIDA – sind der beste Beweis dafür, dass Ersteres nichts bringt. Hass ist und bleibt Realität. Toleranz ist und bleibt ein schönes Wort. Als Konsequenz zum bis dato unvorbereiteten Schulaustritt hoffen Absolventen auf den Zufall und versenden wahllos Bewerbungen. Irgendwann erbarmt sich eine Personalabteilung und lädt sie zu einem Vorstellungsgespräch ein. Genau hier liegt der Grund, wieso viele Menschen unglücklich in ihrem Leben sind. Nicht sie selbst, sondern der Zufall entscheidet darüber, welchen Job sie ausüben. Wie von Zauberhand geleitet landet man in einer Personalabteilung, im Rechnungswesen, im Marketing oder macht eine Bankausbildung.

Die ersten Berufsjahre sind abwechslungsreich. Sobald jedoch Routine einkehrt, fragt man sich, ob man es bis zur Rente durchhält, dieser langweilenden Tätigkeit nachzugehen. Die anfängliche Euphorie ist verschwunden. Man möchte alles hinschmeißen. Der Alltag macht jeden Tag trister. Kollegen wandeln wie Zombies mit einem seltsamen und irgendwie leeren Gesichtsausdruck durch die Bürogebäude. Man realisiert im Unterbewusstsein, dass man etwas unternehmen muss, und sucht nach einem neuen Job. Plötzlich stellt man fest, dass die am Markt zu besetzenden Arbeitsplätze bereits in ihrer Stellenbeschreibung keine Erlösung versprechen. Ihre utopischen Anforderungen sind sich ausgesprochen ähnlich und wirken dabei irgendwie bedrohend. »Wehe, Sie verschwenden unsere Zeit mit ihrem lächerlichen Lebenslauf!«, sehe ich den Personaler mit erhobenem Zeigefinger bildlich vor mir. Suchen etwa alle Firmen den gleichen Kandidaten? Ich denke oft, Firmen suchen keinen Menschen, sondern eine Maschine. Alles muss perfekt sein. Man bekommt Angst und bleibt lieber im gewohnten Umfeld. Die Lösung lautet, Montag bis Freitag einfach auszublenden, um sich aufs Wochenende zu freuen. Es ist an der Zeit, sich endlich davon zu lösen. Ich will endlich wieder entspannt leben, und Angst soll nicht mehr mein ständiger Begleiter sein. Angst gehört ab jetzt zur Vergangenheit. Ich möchte, dass ihr mit mir gemeinsam eine richtige Zukunft auf die Beine stellt, eine Zukunft, die euch zu starken und selbstbewussten Menschen macht. Bekämpft eure Existenzängste. Werdet zu einer Finanz-Diva!

## Von Markengeilheit bis zum Schuldenberg

*»Reichtum und Wohlstand sind nicht eine Frage der Höhe deines Bankguthabens, sondern eine Frage deiner inneren Einstellung.«*

Karl Pilsl (immer noch österreichischer Wirtschaftsjournalist ohne Geburtsdatum)

Wenn wir an reiche Menschen denken, gehen wir von mindestens einer Million Euro aus. Blödsinn! Klugscheißer nennen es Sorites-Paradoxie (»Haufen-Paradoxie«). Ich finde, es kommt immer darauf an. Alles ist relativ. Jeder versteht darunter etwas anderes. Was ich damit meine? Reich ist nur derjenige, der weiß, wie man mit Geld umgeht. In der Regel passen Menschen ihre Ausgaben an die Höhe ihres Einkommens an. Ich erinnere mich noch an mein erstes Praktikum. Damals verdiente ich bei Beiersdorf im Marketingbereich ca. 700 Euro pro Monat und fühlte mich großartig! Im Studentenwohnheim im Hamburger Stadtteil Eimsbüttel konnte ich günstig wohnen, das Mittagessen wurde von der Firma subventioniert und war für die Angestellten fast umsonst. Ich lebte wie die Made im Speck. Einer meiner Freunde hingegen bekam in seinem Praktikum nur ca. 300 Euro. Er tat mir leid. Täglich fragte ich mich, wie er es schaffte, mit so wenig Geld in Hamburg zu überleben. Niedrig bezahlte Praktika gehören einfach abgeschafft! Mittlerweile verdient der Praktikant von damals sicherlich doppelt so viel wie ich. Bestimmt fragt er sich, wie ich es schaffe, mit meinem Gehalt in einer Großstadt wie München zu überleben.

Unser Lifestyle ändert sich mit dem Gehalt. Worauf es aber wirklich ankommt, ist nicht die Einkommenshöhe, sondern wie viel am Monatsende noch übrig ist. Es ist unglaublich, wie schnell man sich ans Geldverdienen gewöhnt. Mit jeder Gehaltserhöhung überlegt man, was man sich als nächstes kaufen könnte. Noch bevor die Zahlung auf dem Konto eingeht, ist der neue Kreditvertrag bereits unterschrieben. Die Bedürfnisse wachsen mit dem Einkommen. Der lange und fremdbestimmte Arbeitsalltag ist schuld daran. Bevor man damit beginnt, sich sein Leben schön zu saufen, startet man den Versuch, es sich schön zu kaufen. Mit teuren Sachen versucht man, Leute zu beeindrucken, die man gar nicht mag. Das Rennen im Hamsterrad beginnt. Man setzt voraus, dass der Job sicher ist und das Gehalt jeden Monat pünktlich auf dem Konto eingeht. Es wird zur Normalität, immer mehr Geld auszugeben. Dabei vergisst man, über die steigenden Ausgaben nachzudenken. Die Rechnungen häufen sich. Die Angst, sie nicht zahlen zu können, ist groß. Wir strampeln immer heftiger im Hamsterrad. Unsere Gier nach Luxus beschleunigt das Tempo. Wir rennen und strampeln und vergessen, dass wir dabei auch stolpern können, bis wir fallen und am Boden liegen. Für den Ernstfall bilden wir keine Rücklagen. Denn wir leben im Jetzt. Wir ignorieren den »Worst Case« und wiegen uns in trügerischer Sicherheit. Dass wir uns damit allerdings selbst belügen und in Gefahr begeben, wissen wir nicht. Unsere Angst wäre dann zu groß. Aus dem goldenen Arbeitskäfig wird schnell eine triste Gummizelle, aus der wir nie mehr entkommen.

Das geschieht allerdings nur, wenn wir nicht auf den Ernstfall vorbereitet sind. Was ich mit Ernstfall meine? Ein Rausschmiss aus der vermeintlich sicheren Arbeitsstelle. Ein Burn-out. Eine Scheidung als Ende des sicheren Ehelebens. Es kommt hoffentlich niemals soweit. Allerdings bleiben wir flexibel, wenn wir ein schwieriges Erlebnis einkalkulieren. Nur wer für den schlimmsten Fall, den sogenannten »Worst Case« vorgesorgt hat, passt sich besser an eine neue Situation an. Kaum jemand weiß, wie das geht. Es verwundert mich auch nicht. Lernen durfte man es bislang nicht. In der Schule wurden zwar viele Dinge gelehrt: Was eine Cumulus-Wolke ist, zum Beispiel. Wie ein Pantoffeltier aussieht, weiß ich auch. Damals schrieb ich sogar in Biologie eine

Klassenarbeit darüber und versuchte, von meiner Banknachbarin abzuschreiben. Lautstark schrie sie »Glotz weg!« Der Lehrer stand ab dem Zeitpunkt bei jedem Test hinter mir, um mich zu überwachen. Meine Schulzeit war seltsam. Den Umgang mit Geld lernte ich dort jedenfalls nicht. Den musste ich mir irgendwie selbst beibringen. Geldmanagement sollte endlich zu einem neuen Pflichtfach werden. Ich erkläre mich gerne bereit, es zu unterrichten.

Geld ist relativ. Sein Wert variiert von Ort zu Ort. Für einen Euro bekommt man in Indien mehr als in Deutschland. Man nennt das Kaufkraft. Es gibt sogar einen Big-Mac-Index, um das zu erklären. Die Journalistin Pam Woodall hat ihn 1986 erfunden. Das Magazin »Economist« hat diesen Index bekannt gemacht. In ihrer Studie vergleicht Woodall die Big-Mac-Preise in den Währungen verschiedener Länder. In Dollar umgerechnet ergibt sich ein Bild von der unterschiedlichen Kaufkraft. Der Papa dieser Theorie war (im weiteren Sinne) der britische Nationalökonom David Ricardo (1772–1822). Da seine Theorie aber keine coolen Produkte bewirbt, gehe ich an dieser Stelle nicht näher darauf ein. Im Folgenden findet ihr ein weiteres Beispiel zu den Kaufkraftunterschieden. Zwei scheinbar homogene – also gleiche – Güter variieren im Wert aufgrund von verschiedenen Standorten. Wenn ich in einem Dorf in Ostdeutschland lebe, kann ich mich mit 100.000 Euro entspannt zurücklehnen und mich freuen. Die günstigen Mieten werden es kaum schaffen, mich ins finanzielle Aus zu katapultieren. In überteuerten Metropolen, wie München oder Düsseldorf, hingegen verspüre ich mit dem gleichen Kontostand ein leichtes Stechen in der Brust und fühle mich permanent in Gefahr. Vor allem dann, wenn ich meinen Job verliere und meine nächste Mieterhöhung pünktlich mit der Post in den Händen halte. In solchen Städten macht mich ein niedriger Kontostand beim Kauf einer Eigentumswohnung zu einem lächerlichen Deppen und zeigt, dass ich mich besser weiter nur mit Dingen wie Fußball und Nahrungsmittelunverträglichkeiten auseinandersetzen sollte.

Vorhin sah ich neben dem Kontoauszugsdrucker einen aktuellen Wohnungsaushang für München und Umgebung. Eine hässliche Vier-Zimmer-Wohnung in einem kargen Wohnblock fiel mir auf: 700.000 Euro zuzüglich Vermittlungsprovision. Ich möchte zu gerne wissen, wer diesen Mist kauft und hätte hier gerne das Foto des Käufers abgebildet. Vielleicht gab es ja für den Käufer als Belohnung ein kostenloses Mittagessen. Genauso macht es schließlich auch Audi, wenn wieder ein überglücklicher Kunde seinen Neuwagen direkt im Werk in Ingolstadt abholt. Ich hoffe, Bosch bietet mir auch endlich mal ein kostenloses Mittagessen! Dann kaufe ich als Dankeschön einen neuen Staubsauger, eine Waschmaschine und einen Wäschetrockner. Wenn ich dann meine neuen Haushaltsgeräte in den Händen halte, werde ich hoffentlich das gleiche Glück verspüren, wie der versnobte Autokäufer. Denn dieser Kauf lenkt ihn endlich von seinem tristen Büroalltag ab, in dem der Zufall entscheiden wird, ob und wie lange er noch seinen Job behalten darf. Viel von seinem mühsam ersparten Geld schenkt er ja dem Autohersteller, also hoffen wir das Beste für ihn! Vielleicht bekommt er zusätzlich einen tollen Kredit, damit er jeden Monat noch heftiger in seinem Hamsterrad strampeln darf. Mit einem weiteren Darlehen kann er sich in München endlich seine eigene kleine Vier-Zimmer-Wohnung für 700.000 Euro kaufen. Denn nur wenn er hier eine Eigentumswohnung vorweisen kann, gehört er dazu. Die horrenden Kreditraten verschweigt er besser. Der Käufer versteht hier selbst nicht, dass er sich bereits in großer Gefahr befindet, solange er sein Darlehen nicht in naher Zukunft abzahlen kann. Noch sind die Zinsen niedrig. Was passiert jedoch in zehn Jahren, nachdem die Zinsbindung des Darlehens endet?

Ich erinnere an die Finanzkrise. Der Subprime-Markt brach vor noch nicht allzu langer Zeit in den Vereinigten Staaten zusammen. US-Immobilienpreise sanken ins Bodenlose und stürzten viele Menschen in den Ruin. Dort kaufte man Immobilien zu Höchstpreisen, denn bis dato stiegen deren Preise stetig. Wieso sollte sich dieser Trend umkehren? An eine Preisblase glaubte niemand. Kaufen war total angesagt. Dass ein Preissturz bei uns auch eintreten kann, blendet man aus und kauft überteuerte Eigentumswohnungen nach amerikanischem Vorbild. Versteht ihr jetzt den Zusammenhang zwischen Lehrplan und was er mit uns macht? Wir mutieren zu naiven und nicht eigenständigen Mainstream-Denkern. Er lehrt uns ein konsum-individualisiertes Dasein. Teure Errungenschaften machen uns einzigartig. Dank protzigen Marken und Fünf-Sterne-Plus-Urlauben unterscheiden wir uns endlich von unseren Niedriglohn-Mitmenschen. Konformität ist das Resultat. Es bedeutet, dass jeder Mensch dem anderen gleicht. Nicht nur in seiner Vita, sondern auch in seinem Denken, der Berufswahl, seinen Bedürfnissen, seinem Konsumverhalten und seinen Problemen. Sobald man eine Beförderung erhält, erwacht zeitgleich das Bedürfnis nach noch mehr Konsum. Dass die Probleme dadurch nicht weniger werden, ignoriert man. Die Armutsfalle schnappt schneller zu, als man denkt.

Gestern noch befördert, morgen schon arbeitslos und pleite. Mit dem riesigen Schuldenberg realisiert man plötzlich, wie wertlos der wunderschöne Neuwagen vor der Haustür auf einmal ist. Auch die teuren Handtaschen und Manolo-Schuhe verlieren auf einmal ihren Glamour. Die Erinnerung an den exklusiven Fünf-Sterne-Sommer-Urlaub verblasst mit jedem Tag ein bisschen mehr. Geblieben sind Mahnungen, hohe Kreditraten, Frust, Verzweiflung und Zukunftsangst. Dabei ist Reichtum doch etwas ganz simples und bedeutet nichts anderes, als frei zu sein. Frei im Sinne von wirtschaftlich unabhängig, damit man das Leben genießen kann. Man muss nicht einmal Millionär sein, um das zu schaffen. Als Faustregel merkt ihr euch das 20- bis 25-Fache eurer Jahresausgaben. Ich gebe im Monat ca. 1.800 Euro aus. Das macht im Jahr 21.600 Euro. Das 25-Fache davon sind 540.000 Euro. Ihr denkt, so ein Betrag sei für einen Angestellten mit einem durchschnittlichen Einkommen nicht realisierbar? Ihr irrt gewaltig!

Mit monatlich 700 Euro könnt ihr schon 25 Jahre später in den Ruhestand treten. Vorausgesetzt, die Rendite stimmt. Acht Prozent müssen es dann sein. Ist euch die Rendite zu hoch? Dann legt 800 – 1.000 Euro monatlich zur Seite. Bei einer geringeren Rendite seid ihr nach 20 Jahren frei. Ist euch dieser Sparbetrag zu hoch? Dann legt monatlich 300 Euro zur Seite. Bei einer Rendite von sieben Prozent ergibt das 30 Jahre später ca. 353.000 Euro. Mit monatlich 500 Euro hättet ihr bei gleicher Rendite fast das Doppelte erzielt: 590.000 Euro. Unglaublich, oder? Regel Nummer 1 lautet: Immer schön bescheiden und sparsam bleiben. Das klingt einfach, ist es aber leider nicht. Was nützt der sehr gut bezahlte Managerjob, wenn man mit Geld nicht umgehen kann und nur nach Statustrophäen giert? Schaut euch doch mal um, wie viele Studenten das neue iPhone besitzen. Leisten können sie es sich nicht, aber es ist schließlich total angesagt. Verdrängt wird die Tatsache, dass schon morgen schwierige Zeiten anbrechen können. Man lebt demonstrativ im Jetzt. Niemand denkt an Morgen. Man lebt nur einmal, lautet die Devise. Und auf Pump kostet es doch irgendwie nichts.

## Checkliste: Wie reich seid ihr?

Vorausgesetzt, ihr hört heute auf zu arbeiten und erhaltet keine Gehaltszahlung: Wie lange könnt ihr überleben, ohne arbeiten zu müssen? Zunächst ermittelt ihr eure monatlichen Ausgaben, angefangen von Miete, Auto, Versicherungen, Wasser, Lebensmitteleinkäufen, Kleidung, Reisen, Restaurantbesuchen und anderen Freizeitausgaben.

Und nun ein Beispiel: Meine monatlichen Ausgaben belaufen sich auf 2.800 Euro. Dem stelle ich meine Ersparnisse gegenüber. Diese betragen 8.000 Euro. Mein Depotwert liegt bei ca. 6.000 Euro. Zusammen ergibt das 14.000 Euro. Um zu ermitteln, wie lange ich überleben kann, ohne arbeiten zu müssen, dividiere ich 14.000 Euro durch meine monatlichen Ausgaben. Das Ergebnis lautet fünf. Das bedeutet, dass ich ohne einen monatlichen Gehaltseingang fünf Monate überleben kann. Ihr denkt, dass sei wenig? Bei den meisten Leuten lautet das Ergebnis null. Sie würden nicht einmal einen Monat ohne ihren Job über die Runden kommen. Prägt euch die folgende Gleichung gut ein, denn sie sagt euch, wie es um euren wahren Reichtum steht.

Ersparnisse und Barvermögen
+ Cashflow (Dividenden, Mieteinnahmen);
aber keine Gehaltszahlung = euer Reichtum

Diese Gleichung ist wichtig, weil die meisten Menschen mit Reichtum sehr viel Geld assoziieren, also eine Million Euro und mehr. Bei dieser Vorstellung verliert man schnell den Mut und den Anreiz zum Reichwerden. Solche Summen erscheinen unerreichbar. Was jedoch, wenn der angeblich Reiche seine Million aufbraucht und bald kein Geld mehr übrig ist? Dann erkennt man, dass er eigentlich nicht reich war, sondern einfach nur dämlich. Er hatte nicht die notwendige Intelligenz, sein Geld zu managen, wie es sich für einen richtigen Reichen gehört. Erst die oben genannte Formel zeigt, dass es beim Reichtum nicht um einen riesigen Kontostand geht, sondern um den Cashflow. Das ist der Geldzufluss, den eure Investments erzeugen. Dazu gehören regelmäßige Zahlungseingänge, wie Dividenden, Mieteinnahmen, Tantiemen oder Einnahmen aus Firmenbeteiligungen. Indem ihr bereits eure monatlichen Ausgaben ermittelt habt, wisst ihr, wie viel Cashflow ihr benötigt, um sie zu decken. Cashflow ist nichts anderes als passives Einkommen. Reich und finanziell unabhängig seid ihr, sobald ihr es schafft, mit genügend Cashflow eure monatlichen Ausgaben zu decken.

## Zusammenfassend halten wir fest ...

**ERSTENS:** Dank eines altmodischen Schulsystems werden Menschen zu passiven, gehorsamen Lemmingen. Man lernt, sich anzupassen. Andersdenkende lacht man aus. Sie gelten als Spinner. Damit man nicht ausgelacht wird, ist es besser, nicht aufzufallen. Passiv lässt man alles über sich ergehen. Das nennt man Disziplin. Man wird zum Klon einer uniformen Gesellschaft. Die Angst vorm Anderssein ist groß.

**ZWEITENS:** Auswendiglernen dominiert eigenständiges Denken. Man lernt Zahlen, Daten und Fakten, sieht aber selten Zusammenhänge. Durch den Fokus auf winzige Details wird man blind für das große Ganze. Man denkt nicht darüber nach, ob das Gelernte Sinn macht. Niemand fragt sich, ob man es überhaupt im Leben anwenden kann. Die Realität erwischt uns eiskalt nach dem Schulabschluss. Komplett unvorbereitet überfordert uns der neue Alltag.

**DRITTENS:** Wie man Geld verdient, wissen wir. Man muss hart dafür arbeiten. Wie man damit umgeht oder es vermehrt, hat uns niemand beigebracht. Daheim und in der Schule wurde nie darüber gesprochen. Es heißt immer, die Banken kümmern sich darum.

**VIERTENS:** Das Hamsterrad wird zu unserem Alltag. Gierig kaufen wir, als gäbe es kein Morgen. Ängstlich gehen wir jeden Tag zur Arbeit, um unsere Rechnungen zahlen zu können. Wir strampeln immer heftiger im Hamsterrad und denken nicht an die Zukunft. Für unerwartete Ereignisse sind wir nicht vorbereitet. Wir sind Meister im Verdrängen.

**FÜNFTENS:** Wir vergleichen uns mit anderen anhand des Gehalts. Je nach Gehaltshöhe fühlen wir uns besser oder schlechter. Dabei vergessen wir, dass nur derjenige gewinnt, der in der Lage ist, sein Geld zu behalten. Verlieren wird derjenige, der es für unnütze Dinge ausgibt. Die Zahl ist nicht entscheidend, sondern die Fähigkeit, mit Geld umzugehen.

**SECHSTENS:** In den nächsten Kapiteln erfahrt ihr, wie man mit Geld umgeht. Ihr müsst euch überlegen, welche Ziele ihr verfolgt. Träumt ihr von einer Weltreise, einem schönen Haus am Meer? Oder möchtet ihr schon ganz früh in Rente gehen? Dann ist es sinnvoll, jetzt weiterzulesen. Es wird etwas Energie und Zeit kosten, den Umgang mit Geld zu erlernen. Aber ich verspreche euch, dass es sich lohnen wird. Ich hoffe, es gelingt mir, euer Interesse an Finanzthemen zu wecken. In der Literatur war es bislang total angesagt, auch den letzten Geld-Interessenten mit hochkomplizierten Büchern einzuschläfern.

**SIEBTENS:** Jeder, der am Monatsende noch Geld auf seinem Konto hat, kann mit Geld umgehen. Wer es schafft, Rücklagen zu bilden und sie geschickt zu vermehren, wird bald in der Lage sein, aus dem Hamsterrad zu entkommen. Freiheit bedeutet, dass Geld die harte Arbeit leistet, während ihr entspannt eurem Hobby nachgeht. Daran, dass ihr problemlos zwischen Arbeit und Freizeit wählen könnt, erkennt ihr, dass ihr frei seid.

**ACHTENS:** Reichtum ist relativ. Ein Mensch ist reich, wenn seine Einnahmen die Ausgaben decken. Reich und finanziell frei ist er, sobald sein Geld so hart für ihn arbeitet, dass es automatisch die monatlichen Ausgaben deckt. Um reich und frei zu sein, müsst ihr Vermögen anhäufen, dass euch regelmäßige Einnahmen bringt.

**NEUNTENS:** Viele Menschen denken, dass sie Vermögen besitzen. In Wahrheit häufen sie jedoch Verbindlichkeiten an. Sie zahlen viel Geld in Form von Krediten und merken nicht, dass ihr Besitz täglich an Wert verliert. Das neue Auto ist bald ein wertloser Schrotthaufen. Den glitzernden Diamantring wird man nicht einmal bei E-Bay los, dabei war er doch so teuer! Reich wird man erst, indem man den Unterschied zwischen Vermögensgegenständen und Verbindlichkeiten kennt. Spreche ich von Verbindlichkeiten, meine ich damit Dinge, die nur Geld kosten, aber keine Einnahmen bringen. Indem ihr jahrelang euer Haus auf dem Land abbezahlt, bindet ihr euch einen Schuldenklotz ans Bein, ohne es zu merken. Es macht ja schließlich jeder so. Ihr glaubt mir nicht! Daher noch einmal von vorne – in aller Kürze:

**ERSTENS:** Dank eines altmodischen Schulsystems werden Menschen zu passiven, gehorsamen Lemmingen. Die Angst vorm Anderssein ist groß.

**ZWEITENS:** Auswendiglernen hält vom eigenständigen Denken ab. Man lernt Zahlen, Daten und Fakten, sieht aber selten die Zusammenhänge.

**DRITTENS:** Wie man Geld verdient, wissen wir. Man muss hart dafür arbeiten. Wie man es vermehrt, hat uns niemand beigebracht.

**VIERTENS:** Das Hamsterrad wird zu unserem Alltag. Gierig kaufen wir, als gäbe es kein Morgen.

**FÜNFTENS:** Wir vergleichen uns mit anderen anhand des Gehalts. Je nach Gehaltshöhe fühlen wir uns besser oder schlechter.

**SECHSTENS:** In der Literatur war es bislang total angesagt, auch den letzten Geld-Interessenten mit hochkomplizierten Büchern einzuschläfern.

**SIEBTENS:** Freiheit bedeutet, dass Geld die harte Arbeit leistet, während ihr entspannt eurem Hobby nachgeht.

**ACHTENS:** Reichtum ist relativ. Ein Mensch ist reich und finanziell frei, sobald sein Geld so hart für ihn arbeitet, dass es automatisch die monatlichen Ausgaben deckt.

**NEUNTENS:** Viele Menschen denken, dass sie Vermögen besitzen. In Wahrheit häufen sie jedoch Verbindlichkeiten an.

**ZEHNTENS:** Euer neues Lieblingswort heißt Cashflow. Der Fluss des Geldes zeigt euch, wohin die Reise geht. Rein bedeutet die Reise in die Freiheit. Raus bedeutet die Reise ins Hamsterrad. Nennen wir es »Management by Hamsterrad« für alle BWLer unter euch. Ich möchte schließlich jedem von euch ermöglichen, sich sein Dasein schönzureden bzw. schönzustrampeln. Reich wird allerdings nur derjenige, auf dessen Konto mehr rein- als rausgeht. Raus ist einfach. Rein ist anstrengend. Ein Vermögensgegenstand bedeutet rein. Eine Verbindlichkeit bedeutet raus. Ziel ist es, dass jedes Jahr mehr Geld in die Kasse reinfließt und weniger raus. Je mehr ihr euch mit dem Thema beschäftigt, desto weniger Angst macht es euch. Der positive Nebeneffekt heißt Selbstvertrauen. Ihr traut euch endlich mehr zu. Dadurch lernt ihr, eigenständig zu denken. Was andere machen, interessiert euch nicht. Ihr verschwendet keine Zeit mehr mit langweiligem Facebook-Stalking, sondern verfolgt ab jetzt die Aktivitäten cooler Firmenbosse im Netz. Ihr werdet endlich aktiv und kreativ. Ihr vergesst sogar, dass es euch früher unmöglich erschien, reich zu werden. Am Ende seid ihr es schon!

Reichtum ist das Ergebnis der Flucht aus der Durchschnittsmasse. Besitzt ihr den Mut, es anders zu machen, werdet ihr erkennen, dass es viele Wege gibt, Geld zu verdienen. Die Angst besiegt ihr nur, indem ihr verschiedene Wege gleichzeitig ausprobiert. Nur so findet ihr euer wahres Ziel, und der Weg dahin erscheint weniger steinig. Jede Handlung, jede Ausgabe wird besser durchdacht und ergibt einen bis dato nicht dagewesenen Sinn. Jetzt wisst ihr auch, dass es nur Illusionen waren, denen ihr bisher nachgegangen seid. Endlich macht ihr euch Gedanken über euer Leben und eure Zukunft.

# Raus aus den Schulden – Ein Plan muss her!

»Ein Mensch, der sich ernsthaft ein Ziel gesetzt hat, wird es auch erreichen.«

Benjamin Disraeli (britischer Politiker, 1804 – 1881)

*L*asst uns damit anfangen, unserem Ziel näher zu kommen! Wir wollen ein kleines Vermögen ohne großen Aufwand anhäufen. Zunächst brauchen wir eine Strategie. Wie können wir gemeinsam der Armutsfalle langfristig entfliehen und dabei das Leben einer Finanz-Diva führen? Ich möchte niemals in eine Notlage geraten, indem ich mir merkwürdige Spartipps aus dem Vorabendprogramm aneignen muss. Ich erinnere mich an eine Sendung, die lief, während ich im Fitnessstudio auf dem Laufband stand. Was ich sah, konnte ich kaum glauben. Ich war entsetzt! Bei den Spartipps wurde mal wieder nicht darüber gesprochen, wie man sein Geld stilvoll vermehrt, sondern wie man sich zu einem jämmerlichen Verlierer der Geiz-ist-geil-Gesellschaft macht. Zwei selbsternannte Sparprofis liefen hinter einem Traktor her und sammelten Kartoffeln ein, die bei der Ernte liegen geblieben sind. Ich möchte auf gar keinen Fall, dass es soweit kommt! In Großstädten kann es schnell passieren, dass euch mit solchen Aktionen ein Gesichtsverlust droht, sobald ihr auf Feldern nach etwas Essbarem herumwühlt. Ein anderer Sparfuchs wurde in der gleichen Sendung befragt, welchen Rat er der Gesellschaft geben kann. Seine Antwort war grausam. Abends geht er an verschiedenen Mülltonnen vorbei. Dort findet er viele leckere Sachen, die trotz abgelaufenem Haltbarkeitsdatum von ihm gegessen werden.

Ich frage mich, wieso meine GEZ-Gebühren (ja ich weiß, die GEZ heißt jetzt »Beitragsservice«) keine nützlicheren Sendungen hervorbringen. Aber guter Rat ist teuer. Genau wie die tägliche Helene-Fischer-Show. Von unseren Rundfunkgebühren (die jetzt Rundfunkbeiträge heißen, als ob man sie nicht zwingend zahlen müsste) bleibt nach so einem TV-Spektakel nicht mehr viel übrig. Sparen will gelernt sein. Man sollte aber dabei niemals wie Deutschlands Geizhals Nummer 1 wirken, sondern besser als Experte in Finanzdingen dastehen. Letzteres kostet nicht das eigene »Standing« und man verschwendet keine Zeit. Wenn jeder gemäß den oben beschriebenen Sparfuchsmaßnahmen erst in Mülltonnen und anschließend auf einem Feld nach essbaren Resten suchen muss, bleibt keine Zeit, um etwas Neues zu lernen. Außerdem bringen einen solche Mülldiäten schnell ins Krankenhaus.

Bevor wir loslegen und mit einer vernünftigen Anlagestrategie unseren Kontostand in die richtige Richtung lenken, erstellen wir eine Übersicht mit monatlichen Einnahmen und Ausgaben. Erst wenn alles aufgelistet ist, erkennt man Geldschlupflöcher. Man gibt mehr aus, als man denkt. Bewusst wird so etwas allerdings erst mit einer Übersicht. Schluss mit dem Verdrängen. Wir Menschen mögen keine Veränderung. Viel lieber halten wir an unseren Gewohnheiten fest. Das bringt aber langfristig nichts. Also mache ich jetzt den Anfang. Ich liste zunächst meine Einnahmen und Ausgaben auf und hoffe, dass ihr erkennt, dass ich schon lange über meinen finanziellen Verhältnissen lebe. Großer Dank gilt an dieser Stelle meinem Papa, da er bislang jeden Monat meinen Kontostand liebevoll ausgeglichen hat. Ich verspreche ganz fest, von nun an in der Pluszone zu bleiben.

## Die Stunde der Wahrheit

Zu meinen monatlichen Ausgaben gehören:

✓ Miete für meine geräumige Ein-Zimmer-Wohnung in Münchens Stadtmitte

✓ Meine BMW-Leasingrate

✓ Benzinkosten

✓ der Mitgliedsbeitrag fürs beste Fitnessstudio der Stadt plus 10er-Karte für die Spezialkurse

✓ der Beitrag für meinen Bausparvertrag

✓ Lebensmitteleinkäufe

✓ Zigaretten

✓ Friseur und Nagelstudio

✓ Kreditkartenabrechnung

✓ Telefonrechnung

✓ Geburtstagsgeschenke

✓ Ausgehen, Kino und Restaurantbesuche

✓ Kreditraten für meinen Fernseher, mein neues iPhone und meine Möbel

✓ die Rate fürs Kabelfernsehen und meinen Internetanschluss

✓ Versicherungsbeiträge für Haftpflicht-, Unfall-, Berufsunfä-
higkeits-, Rechtschutz-, Zahnzusatz-, private Renten-, Haus-
rat- und Lebensversicherung

Meine Einnahmen:
2.400 Euro

Meine Ausgaben:
2.800 Euro

Mist! Ich habe mich verrechnet! Oder doch nicht?

Das Ergebnis:
-400 Euro

Monatlich muss ich mir 400 Euro von meinen Eltern leihen.
Das macht aufs Jahr gerechnet 4.800 Euro. In zehn Jahren zahlen mir meine Eltern somit 48.000 Euro. Hoffentlich setzen sie
nicht die Geldeintreiberfirma »Moskau Inkasso« auf mich an.

**Ihr seid dran!**
Bitte listet hier eure monatlichen Einnahmen und Ausgaben auf.

Zu euren Ausgaben am Monatsanfang gehören (in Euro):

✓ Miete: 480

✓ Auto-Leasingrate / Kreditrate: 140

✓ Benzinkosten: 150

✓ Mitgliedsbeitrag fürs Fitnessstudio: 20

✓ Beitrag zum Bausparvertrag:

✓ Lebensmitteleinkäufe: *150*

✓ Zigaretten:

✓ Nagelstudio: *60*

✓ Kreditkartenabrechnung:

✓ Telefonrechnung: *37*

✓ Friseur: *10*

✓ Kreditraten für den Fernseher, iPhone, Möbel, o.ä.:

✓ Rate fürs Kabelfernsehen bzw. Internetanschluss:

✓ Versicherungsbeiträge: *15*

✓ Weitere Ausgaben:

Tragt nun eure monatlichen Einnahmen und Ausgaben ein und rechnet aus, ob ihr in der Pluszone landet.

Eure Einnahmen: *1.250* Euro

Eure Ausgaben: *1100* Euro

Das Ergebnis: *150* Euro

Und? Wie schaut's bei euch aus? Besser oder schlechter verglichen mit meinem finanziellen Chaos? Ich hoffe, ihr seid nicht so überrascht, wie ich es vorhin war. Im nächsten Schritt streichen wir konsequent alles, was nur Geld kostet, aber keinen Nutzen bringt.

## Zeit zum Aufräumen!

*»Wenn es offensichtlich ist, dass die Ziele nicht erreicht werden können, sollten nicht die Ziele korrigiert werden, sondern die Handlungen.«*

Konfuzius (chinesischer Philosoph, 551 - 479 v. Chr.)

Jeder von uns hasst es! Aufräumen. Überall liegen Socken, Jogginghosen, dreckiges Geschirr und andere Dinge herum. Man schiebt das Aufräumen vor sich her und verlässt lieber schnell das Haus. Shoppen gehen macht schließlich viel mehr Spaß! Jedoch erwartet uns das Chaos, sobald wir mit unserer glühenden Kreditkarte wieder nach Hause kommen. Weil ich aufgrund meiner Kaufsucht permanent pleite bin, habe ich mir vorgenommen, gründlich aufzuräumen. Ich hatte bisher immer große Angst, von einem Klamottenberg erschlagen zu werden, sobald ich die Schranktür aufmachen würde. Manchmal überlegte ich, wie viel Geld wohl in meinem Kleiderschrank in Form von schönen Kleidern steckt. Für meinen Stefanel-Mantel gab ich 700 Euro aus. Ein weiterer von Strenesse kostete mich 600 Euro. Natürlich brauchte ich unbedingt auch noch einen von Burberry. Die Marke ist schließlich total angesagt! Ich sage lieber nicht, was das Teil gekostet hat. Total begeistert bin ich auch von meiner Kostümkollektion, angefangen von Armani über Strenesse bis hin zu Hugo Boss. Die meisten von ihnen zog ich nicht ein einziges Mal an, da ich sie im Klamottendschungel nie wieder fand. Sie machten mich zwar pleite, aber irgendwie glücklich. Ich musste nur das Gefühl haben, sie zu besitzen. Anziehen wollte ich sie nicht. Sie zu finden, war zu anstrengend. Ich musste mich von dem überflüssigen Krempel endlich trennen. Meine Angst war zu groß, bald im Klamottenmüll zu ersticken. Zeit für einen E-Bay-Account. Es ging los.

Leicht war es nicht, die schönen Kleidungsstücke im Internet anzubieten. Schließlich hänge ich daran genauso sehr wie an meiner Katze, meinen Freunden und meinem Auto. Ich richtete mir einen E-Bay- und einen Kleiderkreisel-Account ein und schaffte es, mindestens genauso viele Dinge anzubieten wie ein Kaufhaus. Bei Kleiderkreisel spart ihr euch übrigens die lästige E-Bay-Verkaufsgebühr. Jedoch denke ich, dass man bei E-Bay gebrauchte Dinge schneller loswerden kann. Bislang hatte ich immer verdrängt, ein Klamotten-Messie zu sein. Entsetzt stellte ich fest, dass meine teuren Kleider bei E-Bay nichts mehr wert waren. Man kann sich dort glücklich schätzen, eine Strenesse-Handtasche für 30 Euro loszuwerden. Ich fühlte mich so dermaßen von der Mode-Industrie verarscht, dass ich beschloss, lange nicht mehr einkaufen zu gehen. Meine neuen Regeln waren hart, aber es musste sein. Erlaubt ist nur noch secondhand unter der Bedingung, dass ich das Kleidungsstück oder Accessoire wirklich brauche. Außerdem wird ein Teil aussortiert, sobald ein neues im Schrank einziehen will. Nach und nach fanden sich Käufer für meine Sachen und ich konnte einen kleinen Betrag auf meinem Paypal-Konto ansparen. Es machte irgendwie Spaß. Schritt 1 war geschafft. Es folgte Schritt 2. Ich muss meine Ausgaben irgendwie kürzen. Zunächst streiche ich alles, worauf ich verzichten kann. Auch wenn es schwer fällt, es muss einfach sein!

Zu meinen monatlichen Ausgaben gehören nach dieser Aktion:

- ✓ Miete für meine geräumige Ein-Zimmer-Wohnung in Münchens Stadtmitte

- ✓ Lebensmitteleinkäufe

- ✓ Friseur

- ✓ Geburtstagsgeschenke

✓ Ausgehen, Kino und Essen gehen

✓ die Rate fürs Kabelfernsehen und Internetanschluss

✓ Versicherungsbeiträge für Haftpflicht-, Rechtschutz-, Zahn-
zusatz- und private Rentenversicherung

Meine Einnahmen:
2.400 Euro

Meine Ausgaben:
1.600 Euro

Das Ergebnis:
800 Euro

Mein Vater kann endlich wieder stolz auf mich sein! Schließlich
wird ab jetzt sein Geldbeutel von meinem Konsumrausch ver-
schont. Ich fühle mich irgendwie erlöst von all den Dingen, die
mir das Geld jeden Monat aus der Tasche zogen.

## Checkliste: Sparpotenziale

### Carsharing

Unglaublich, wie mein Geld unbemerkt jeden Monat versickert! Zuallererst schaffe ich das Auto ab. Mindestens 500 Euro spare ich dadurch jeden Monat. Mein Fahrrad steht seit Jahren im Keller und ich erwecke es endlich wieder zum Leben. Außerdem melde ich mich bei »Flinkster« an. Carsharing ist viel günstiger und irgendwie angesagt. Das Konzept ist genial! Man teilt sich mit anderen ein Auto. Da ich gerne BMW fahre, melde ich mich bei »BMW Drive Now« an. An jeder Ecke stehen die Karossen nun und warten nur darauf, dass sie jemand spazieren fährt.

Einsparung pro Monat: 500 Euro.

### Home-Fitness statt Fitnessstudio

Da ich wieder mehr mit dem Fahrrad unterwegs bin, verbessert sich meine Kondition. Ich muss nicht ins Fitnessstudio gehen, um fit zu bleiben. Ich streiche auch diesen Posten. Anstelle des Fitnessstudios gehe ich nun lieber mit Freunden joggen. Außerdem habe ich mir ein paar Carmen-Electra-,- Shaun-T- und David-Kirsch-Fitness-DVDs zugelegt. Ich kann somit im Jahr mindestens 1.200 Euro sparen. Trotzdem nehme ich kein Gramm zu. Zwei Probleme habe ich somit ganz einfach gelöst.

Einsparung pro Monat: 100 Euro.

### Nächster Posten: Mein Bausparvertrag

Irgendwie hat so ziemlich jeder einen. Meistens bekommt man ihn von den Eltern, denn sie lieben so etwas. Immerhin enthält er das Wort »sparen«. Es muss also gut sein! Denkste! Man legt mit einem Bausparvertrag einen Zins fest. Was also, wenn der Zins fällt? Dann bekomme ich mein Darlehen eventuell zu einem viel höheren Zins als nötig. Das angesparte Guthaben wird mit einem minimalen Zins verzinst. Das Ergebnis könnt ihr euch so vorstellen, dass man sich nach einer langen Ansparzeit immerhin eine Fertiggarage locker leisten kann. Mehr nicht! Es ist eine Frechheit, das Produkt mit dem Wort »sparen« zu versehen. Niemand weiß, wann der Bausparvertrag zuteilungsreif ist. Wenn man das Geld braucht, kann es sein, dass es an der Zuteilungsreife scheitert, da der Zeitpunkt noch nicht erreicht ist. Übrigens ist das Darlehen an einen Bauzweck gebunden. Viel Spaß! Abweichungen vom Ziel werden nicht zugelassen. Eine neue Waschmaschine könnt ihr euch von dem Geld also nicht einfach kaufen. Kommt euch das irgendwie bekannt vor? Unterm Strich ist ein Bausparvertrag nichts anderes als eine Zins-Terminspekulation auf einen unbekannten Zeitpunkt. Vergleichbar ist das mit einem Autokauf in der DDR. Nachdem man sich ein Fahrzeug bestellt hatte, wusste man nicht, wann es geliefert wird. Es konnten locker zehn Jahre bis zur Auslieferung vergehen. Fazit: Ich habe nicht vor, ein Haus zu bauen. Ein Bausparvertrag ergibt für mich keinen Sinn.

Einsparung pro Monat: 50 Euro.

### Versicherungen: Sicherer geht's nicht mehr!

Zurück zu meiner Ausgabenliste. Irgendwie habe ich das Gefühl, komplett überversichert zu sein. Generell spricht nichts gegen Versicherungen. Denkt jedoch daran, dass sie dem Zweck der Absicherung dienen, nicht aber dem Vermögensaufbau. Leider werden sie häufig dazu missbraucht. Im nächsten Schritt nehme ich mir meinen Versicherungsordner zur Hand und suche meine überflüssigen Versicherungen heraus. Die Faustregel lautet bei Versicherungen: Solange eine Versicherung existenzsichernd ist, sollte man sie abschließen. Zu den wichtigsten Versicherungen gehören demnach die Privathaftpflicht und die Berufsunfähigkeitsversicherung (BU). Eine private Rentenversicherung besitze ich zudem in Form einer Entgeltumwandlung. Somit habe ich eine optimale Ergänzung zur gesetzlichen Rente. Ich empfehle jedem, so früh wie möglich privat fürs Alter vorzusorgen.

Meine monatliche Rate zur privaten Altersvorsorge liegt bei 200 Euro. Jedoch wird der Betrag vom Bruttolohn abgezogen und vom Staat teilweise subventioniert. Allerdings muss man hierbei wissen, dass eine Entgeltumwandlung zu verminderten Bemessungsgrundlagen für Leistungen der gesetzlichen Sozialversicherung führt. Die gesetzlichen Rentenansprüche werden dadurch also geringer. Generell empfiehlt es sich für ältere Menschen, eine Pflegeversicherung abzuschließen, um für die Zeit nach dem Renteneintritt bestens für den Ernstfall vorzusorgen.

Zurück zu meiner Checkliste. Der nächste Posten ist meine Rechtsschutzversicherung. Sie ist für mich notwendig, da ich oft mit dem Auto unterwegs bin und mich mit meinem Vermieter permanent herumärgere. Meine Unfallversicherung streiche ich von meiner Liste. Über meinen Arbeitgeber bin ich zudem während meiner Arbeitszeit unfallversichert, sogar bereits auf dem Weg ins Büro, im Büro und auf dem Heimweg greift diese Versicherung. Allerdings ist nur der Arbeitszweck versichert. Sollte man in der Kantine oder auf der Toilette ausrutschen, entfällt der Versicherungsschutz. Auch wenn man auf dem Nachhauseweg einen Zwischenstopp im Kaufhaus macht, ist der Versicherungsschutz unterbrochen. Für Handwerker mit einer hohen Verletzungsgefahr und für Hausfrauen empfiehlt sich eine Unfallversicherung. Unfälle im Büro sind eher selten, es sei denn, man fällt aufgrund des Bore-out-Syndroms vor Müdigkeit vom Stuhl. Es geht weiter zur Berufsunfähigkeitsversicherung, kurz: BU. Jeder braucht sie. Unfallversicherungen versichern nur bei Unfall. Die BU versichert sowohl bei Unfällen als auch bei genereller Berufsunfähigkeit aufgrund von physischen und psychischen Erkrankungen. Doch irgendetwas stimmt nicht mit meiner BU. Sie ist erstens sauteuer und zweitens an einen Fonds gebunden. Schnell werfe ich einen Blick in meinen Vertrag. Er ist sehr dick und schwer zu verstehen. Als ich ihn abschloss, fasste ihn mein Versicherungsberater für mich zusammen. Er sagte, dass ich das angesparte Geld zurückhalte, falls ich nicht berufsunfähig werde. Er verkaufte mir quasi einen Fondssparplan und eine BU bis zu meinem 60. Lebensjahr. Zwei Dinge in nur einem Vertrag für nur 60 Euro mit jährlich dynamisierter steigender Rate, versteht sich. Ich freute mich riesig! Nur denke ich, dass er sich noch mehr freute. Seine Provision war bestimmt dicker als mein in Aussicht gestelltes Fondsguthaben. Die Jahre vergingen, und ich stellte fest, dass das Renteneintrittsalter in Deutschland stets angehoben wird. Wir müssen bald bis 70 und länger arbeiten. Schließlich sind die Rentenkassen bis dahin leer. Das Gleiche gilt auch für Sozialkassen und die Gesundheitskassen, dank der verschwenderischen Ausgabenpolitik. Da zu den Wählern hauptsächlich ältere Menschen gehören, wird es ihnen Spaß machen, euch ein immer höheres Renteneintrittsalter aufzubürden. Bereits beim Ankreuzen hört man sie an den Wahlurnen lachen. Einen interessanten Artikel zum demographischen Wandel schrieb übrigens Viktoria Unterreiner unter: http://bit.ly/1FEfBYT.

In naher Zukunft wird ein Rentner von zwei Angestellten finanziert. Das Problem wird sein, dass Deutschland bald nur noch aus Rentnern besteht. So etwas wie Kinder haben vor allem die in Deutschland lebenden Ausländer. Ihr glaubt mir wieder nicht, oder? Dann macht doch mal einen Sonntagsausflug in den Münchener Zoo! Zurück zu meinem suspekten BU-Vertrag. Ich bin aktuell 35. Bis 60 versichert mich meine BU-Gesellschaft. Ich arbeite wahrscheinlich bis 70, 80 oder 90, je nach den Launen der Politiker. Meine Versicherung hat allerdings ein Risiko zu tragen, falls ich älter als 60 bin. Daher sprach sie das Problem erst gar nicht an und verkaufte mich für blöd.

### 1:0 für meine Versicherung

Nun zum Zitat aus meinem Vertrag, den ich bis dato immer verdrängte bzw. nicht verstand: »Beachten Sie, dass die Höhe der Überschussbeteiligung sowie eine Wertsteigerung der Fonds nicht garantiert werden können.«

## 2:0 für die Versicherungsgesellschaft

Ob der im Vertrag enthaltene Fonds überhaupt sinnvoll ist und langfristig im Wert steigt, kann der Versicherungsgesellschaft völlig egal sein. Also muss der Versicherte das Beste hoffen. Weiter geht's im Vertrag mit den Worten: »Policenwert: Bei der Berechnung wird der Fondswert zum jeweiligen Bewertungsstichtag angesetzt. Der Policenwert kann – insbesondere in den ersten Versicherungsjahren – den Fondswert unterschreiten.« Was das bedeutet? Ich hatte einen Pakt mit dem Teufel abgeschlossen! Die Versicherung wäre ja ganz schön dämlich, sich mit einem anständigen Fondsmanagement zu beschäftigen. Immerhin koppelt sie den Policenwert an einen Fonds. Reine Spekulation! Als Begründung kann sie mir jederzeit mitteilen, dass der Fonds leider so schlecht gelaufen ist, dass die Police eine nicht ausreichende Absicherung beinhaltet. Zunächst kündigte ich den Vertrag per E-Mail und unterschriebener PDF-Datei. Leider wurde dies nicht akzeptiert und mein damaliger Makler schrieb mir einen Brief, indem er daraufhin wies, dass E-Mail-Kündigungen nicht akzeptiert werden. Folglich verfasste ich an seine auf dem Briefkopf angegebene Adresse ein Kündigungsschreiben und übermittelte es ordnungsgemäß per Post. Der Brief kam jedoch mit dem Vermerk zurück: »Empfänger verzogen bzw. konnte nicht ermittelt werden.« Mein Versicherungsberater von damals hatte sich scheinbar bereits dank seiner ordentlichen Provisionen aus dem Staub gemacht. Also gab ich das Schreiben auf, diesmal an die Hauptverwaltung der Versicherung. Ich bin gespannt, wann es wieder zurückkommt, da diese bestimmt auch schon einen neuen Sitz in der Karibik hat.

### Spielausgang: 2:2 unentschieden

Generell rate ich euch zu einer reinen Berufsunfähigkeitsversicherung. Folgendes beachtet ihr bitte: Sobald man euch eine fondsgebundene Variante anbietet, schließt ihr damit zugleich eine Kapitallebensversicherung ab. Somit kann sich die Versicherung mit schlecht laufenden Fonds aus dem Risiko ziehen, euch ausreichenden Schutz zu bieten. Außerdem kann sie gleich zwei Produkte in einem anbieten und eine höhere Versicherungsrate kassieren. Sobald ein Versicherungsfall eintritt, kann die in dem Vertrag angebotene Zusatzleistung zudem von der Versicherung gekündigt werden. Euer Fondssparplan löst sich dann ganz schnell in Luft auf. Bitte beachtet unbedingt die im Vertrag aufgeführten Ausschlussklauseln. Gibt es einen übersichtlichen Leistungskatalog? Was genau versichert eure BU? Gibt es spezielle Ausschlüsse? Achtet auf lange Laufzeiten. Bis zum 60. Lebensjahr ist zu kurz. Versicherungen vermindern auch damit nur ihr Risiko, denn erst nach dem 60. wird man anfälliger. Ziel sollte es niemals sein, mit einer BU ein Vermögen aufzubauen. Sie dient lediglich der Absicherung für den Ernstfall. Inzwischen suche ich mir meine Versicherungen lieber im Internet heraus. Auf Vergleichsportalen wie www.versicherungen.de gibt es eine gute Auswahl.

Wer sich trotzdem gerne Angebote von einem Versicherungsberater einholen möchte, sollte den Vertrag vor der Unterschrift genau prüfen. Leider neigt man dazu, dem sympathischen Versicherungsmenschen blind zu vertrauen. Er sieht in euch zunächst eine einfache Einnahmequelle und möchte den Sack schnell zu machen. Wenn's darum geht, Geld zu sparen, zeige ich euch in den nächsten Kapiteln ein paar Alternativen. Auch meine Hausratversicherung brauche ich nicht wirklich. Der Versicherungsberater erzählte mir, dass sogar mein Fahrrad damit gegen Diebstahl abgesichert sei. Das war ein Argument und ich schloss sie blauäugig ab. Zudem hatte ich mein Fahrrad gebraucht gekauft. Es hatte nur 150 Euro gekostet. Angenommen ihr sammelt Kunstwerke oder Antiquitäten, ist eine Hausratversicherung sinnvoll. Ansonsten spart euch lieber das Geld. Die nächste Versicherung, die ich streiche, ist meine Risiko-Lebensversicherung. So etwas ergibt nur Sinn, wenn euer Partner im Todesfall abgesichert werden soll. Wenn man hohe Schulden aus einem

Immobilienkauf oder kleine Kinder hat, kann so eine Versicherung durchaus sinnvoll sein. Sonst nicht.

Auch meine Auslandskrankenversicherung streiche ich von meiner Ausgabenliste. In der Regel fahre ich ins europäische Ausland. Meine gesetzliche Versicherung reicht hier aus. Zusatzkostenfrei kann ich durch die EHIC (European Health Insurance Card) im europäischen Ausland behandelt werden. Auf der Rückseite der deutschen Chipkarte ist EHIC enthalten.

Einsparung pro Monat: 90 Euro.

### Nächster Posten: Meine Telefonrechnung

Bislang zahlte ich jeden Monat 50 Euro. Ich kündige meinen Vertrag und steige um auf Prepaid. Günstige Prepaid-Tarife gibt es monatlich für unter zehn Euro. Ich wähle einen für mich geeigneten Tarif für 20 Euro pro Monat mit All-Net- und Internetflatrate.

Einsparung pro Monat: 30 Euro.

### Nagelstudios braucht kein Mensch!

30 Euro klingt nicht viel, aber auf ein Jahr gerechnet, macht das über 300 Euro. Ich will sparen und streiche als nächstes die Ausgaben fürs Nagelstudio. Klarlack gehört ab sofort auf meine Nägel. Sie sehen auch ohne professionelle Studiomaniküre sehr gepflegt aus.

Einsparung pro Monat: 30 Euro.

### Friseur: Bad-Hair-Days in Kauf nehmen!

Beim Friseurbesuch hört bei mir der Spaß beim Sparen auf. Ich gehe bestimmt nicht zu einem Billigfriseur. 100 Euro für Färben, Schneiden und Glätten sind schon recht hoch. Ich beschließe, nur noch alle zwei Monate zum Friseur zu gehen. Zum netten Nebeneffekt gehören schöne lange Haare, und Männer lieben lange Haare. Win-win!

Einsparung pro Monat: 50 Euro

### Nächster Posten: Lebensmitteleinkäufe

In München lösen die überteuerten Mieten und die relativ hohen Gehälter eine Preisspirale aus, die sich vom Einzelhandel über Bäckereien und den kompletten Dienstleistungsbereich erstrecken. Gentrifizierung (im weiteren Sinne) nennt man das. Dadurch versuchen viele Menschen, sich ins günstigere Umland zu retten. Beim Einkaufen kann man eine Menge Geld sparen, indem man zum Discounter geht. Aldi und Lidl sowie Norma bieten beim Einkaufen viel Sparpotenzial.

### Nächster Posten: Zigaretten

Es wird sicherlich schwierig, mit dem Rauchen aufzuhören, aber als ich neulich beim Erste-Hilfe-Kurs war, konnte ich es im Anschluss sofort. Berichtet wurde von vielen Schlaganfall- und Herzinfarkt-Einsätzen bei Frauen. Aufgrund der Antibabypille besteht eine besonders große Gefahr. Außerdem altert der Körper von Rauchern schneller, da durchs Rauchen Gefäße verengt und Zellen nicht mehr optimal mit Sauerstoff versorgt werden können. Meine Angst vor Falten ist riesig, und ich fasse ab sofort keine Zigarette mehr an.

Einsparung pro Monat: 20 - 40 Euro.

### Nächster Posten: Urlaub

Zunächst war ich etwas skeptisch, wie man im Urlaub Geld sparen kann. Aber ich probierte es einfach aus. Kennt ihr Airbnb? Falls nicht, ich habe es in Helsinki getestet. Schaut euch die Seite mal an: www.airbnb.de.

Normalerweise zahle ich in Helsinki pro Hotelübernachtung ca. 160 Euro. Über Airbnb habe ich für vier Übernachtungen 160 Euro gezahlt. Meine Privatunterkunft war zudem viel luxuriöser als ein Hotel. Als ich am Flughafen ankam, wartete bereits ein finnisches

Paar auf mich, übergab mir den Wohnungsschlüssel und verabschiedete sich von mir. Sie reisten weiter nach Barcelona und ihre Wohnung stand für vier Tage leer. Perfekt! Ich war gespannt, was mich erwartete. Als ich in meinem neuen Domizil ankam, war ich begeistert. Ein Willkommensbrief lag auf dem Tisch. Es wurde mir darauf erklärt, wie man die Sauna einheizt, wie der Fernseher angeht und es lagen Gästehandtücher auf dem Küchentisch. Es war einer meiner schönsten Urlaube. Ich habe mich selten im Ausland sofort wie daheim gefühlt und verzichte ab sofort auf teure Hotels.

Einsparung in meinem Finnland-Urlaub: 480 Euro

### Nächster Posten: Restaurantbesuche

Essen gehört zu den notwendigen Dingen im Leben. In Großstädten ist es besonders angesagt, oft auswärts essen zu gehen. Ich gehe besonders gerne zum Franzosen und bestelle dort immer das Vier-Gänge-Menü mit passenden Weinen. Pro Restaurantbesuch kostet das inklusive Trinkgeld ca. 80 Euro. Dafür könnte ich zweimal zum Italiener gehen. Generell ging ich bis zu meinem Sparvorhaben dreimal pro Woche essen. Pro Restaurantbesuch gab ich ca. 40 Euro inklusive Trinkgeld aus. Im Monat macht das ca. 500 Euro. Kochen ist im Vergleich zum Auswärtsessen viel günstiger. Mein neuer Vorsatz: ich gehe nur noch einmal die Woche auswärts essen und kaufe mir ein Kochbuch.

Einsparung pro Monat: 340 Euro.

### Nächster Posten: Kreditkarte und Möbelkredite

Immer wenn ich mit meiner Kreditkarte zahle, habe ich das Gefühl, dass ich gar kein Geld ausgegeben habe. Shoppen gehen macht dadurch besonders viel Spaß. Ich kaufe dann noch mehr, da ich weiß, dass ich meine Ausgaben nicht auf einmal zahlen muss. Die Raten zahle ich monatlich in kleinen Beträgen zurück. Den Zinssatz kenne ich nicht. Ich weiß aber, dass er über zehn, in der Regel sogar über 15 Prozent liegt. Dümmer geht's nicht.

Das Gleiche gilt für die Kreditraten, die ich jeden Monat für meine Möbel zahle. Zunächst versuche ich mit einer Sondertilgung die Ratenzahlung von Karten- und Möbelkredit zu beenden und beschließe in Zukunft Ratenzahlungen zu vermeiden.

Einsparung pro Monat: 150 Euro.

### Nächster Posten: Steuerberatung

Unterschätzt niemals das wertvolle Wissen, das ein Steuerberater besitzt. Um einen guten zu finden, muss man nicht lange suchen. Ich probiere demnächst den Lohnsteuerhilfeverein aus. Schaut am besten gleich, ob eine Beratungsstelle in der Nähe ist unter: www.lohi.de. Falls ihr keinen in der näheren Umgebung habt, fragt einfach eure Freunde, ob sie einen guten Steuerberater empfehlen können. Guter Rat muss nicht teuer sein, kann aber eine Menge Geld sparen.

### Cash ist King!

Seit meinem Schuldenschnitt versuche ich, soweit es geht, nur noch mit Bargeld zu bezahlen. Ich muss zugeben, dass ich es nicht mehr gewöhnt bin. Sobald ich mit meiner EC- oder Kreditkarte bezahle, fühlt es sich besser an. Man sieht schließlich nicht, dass man Geld ausgibt. Aber sobald man merkt, wie die Geldscheine und das Kleingeld beim Barzahlen weniger werden, überdenkt man schnell seine Ausgaben. Ich kaufe seitdem irgendwie weniger ein und denke oft nach, ob es unbedingt teure Markenprodukte sein müssen. Auf Fleisch-und Wurstwaren verzichte ich gänzlich. Das schont die Tiere und meinen Geldbeutel. Okay, ich gebe zu, ich bin kein Vollzeitvegetarier, aber ich versuche mich etwas einzuschränken. Weiteres Sparpotenzial bei Lebensmitteleinkäufen bieten »Gut-und-Günstig«-Produkte, im Folgenden mit G&G abgekürzt. Sie sehen zwar im Kühlschrank weniger attraktiv aus, stammen aber sicherlich von der gleichen Produktionsstätte. Der Verzicht auf teure Werbung macht G&G-Produkte und Generika zum Schnäppchen. Ich schmecke jedenfalls keinen Unterschied zwischen Markenprodukten und den G&G-Lebensmitteln. Grundsätzlich ist es wichtig, dass ihr euch nur notwendige Dinge kauft. Jedem von euch fällt sicherlich ein, welches unnütze Produkt zuletzt gekauft wurde und jetzt in der Wohnung unbeachtet rumliegt. Bei mir sind es Mützen, Schals, Gewürze, Klamotten und Parfums, die ich nach einmaliger Nutzung plötzlich abstoßend finde. Im Laden sah alles so schön verpackt aus und ich war hin- und hergerissen. Schöne Produkte möchte man eben gerne mit nach Hause nehmen.

Es fällt oft schwer, wichtige von unwichtigen Dingen zu unterscheiden. Jedoch könnt ihr bei genauem Prüfen eurer Checkliste feststellen, wo man monatlich zu viel Geld ausgibt. Um aus dem tiefen Schuldensumpf herauszukommen, gibt es Schuldnerberatungen. Dort bekommt ihr Hilfe und Begleitung. Vereinbart am besten gleich einen Termin. Hier findet ihr die Adressen der Beratungsstellen und viele wichtige Informationen auf einen Blick: http://www.forum-schuldnerberatung.de/.

Vielleicht denkt ihr an dieser Stelle, dass ich mit meinen Spartipps übertreibe. Es weiß doch schließlich jeder, wie man mit Geld umgeht! Die Realität sieht jedoch ganz anders aus. Neulich saß ich auf dem Weg zur Arbeit in der S-Bahn und lauschte einer Unterhaltung. Eine Praktikantin erzählte ihrer Kollegin über die Geldsorgen ihrer Eltern. Das Haus stand kurz vor der Pfändung. Das Mädchen suchte nach einer Lösung, um ihren Eltern zu helfen. Jedoch besaß auch sie mit ihrem niedrigen Praktikantengehalt keine ausreichend vorhandenen finanziellen Mittel. Sie schien sehr pessimistisch und ängstlich, was ihre Zukunft und Jobaussichten betrafen. Da man von seinen Eltern die Einstellung und den Umgang mit Geld lernt, wusste ich, dass es das Mädchen sicher nicht allein schaffen wird, ihren Eltern zu helfen. Während arme Menschen ihren Kindern beibringen, dass man hart für Geld arbeiten muss, erklären reiche Eltern ihren Kindern das Gegenteil. In ihrer Welt leistet Geld die harte Arbeit. Wie man mit Arbeit reich werden soll, ist ihnen ein Rätsel.

## Das 5.000-Euro-Ziel

Ein Sprichwort besagt, dass jeder mal klein anfängt. Die meisten Leute wollen aber schnell zu Reichtum gelangen. Investieren ist allerdings kein Lottospiel, sondern ein längerer Prozess, den man lernen muss. Man muss zunächst wissen, was man will. Erst wenn man das weiß, ist Investieren sinnvoll. Als ich meinen 17. Geburtstag feierte, wollte ich unbedingt wie andere in meinem Alter abends ausgehen. Da ich aber in einem kleinen Dorf festsaß, musste ich mich abends vorm Fernseher langweilen. Montags erzählten alle immer von ihren aufregenden Partynächten, während ich traurig danebenstand. Es war frustrierend. Ich wollte endlich auch ausgehen und neue Leute kennenlernen. Das Ziel stand fest, doch bis zur nächsten Diskothek waren es mehr als 20 km. Hätte mich mein Vater hingefahren, wäre mir das sicherlich total peinlich gewesen. Vor allem hätte er mich bestimmt schon nach einer Stunde wieder abgeholt. Es führte kein Weg daran vorbei, ich brauchte einen Führerschein.

Zunächst meldete ich mich zur Fahrschule an und musste dort einige komplizierte Dinge lernen. Unglaublich, wie viele Schilder es gibt! Doch schon nach der vierten Theoriestunde vereinbarten wir einen Termin für eine richtige Fahrstunde. Ich hatte große Angst und war mir sicher, dass ich das Auto schon in der ersten Stunde zu Schrott fahren würde. Allerdings stellte ich in der ersten Fahrstunde fest, dass ich es geschafft hatte, lebend und ohne Kratzer wieder aus dem Auto herauszukommen. Es war gar nicht so schlimm. Die zweite Stunde stand bevor. Zwar fühlte ich mich immer noch etwas unwohl beim Gedanken daran, aber ich freute mich auch ein bisschen auf den Termin. Ich kam meinem Ziel irgendwie näher. Bald saß ich nicht mehr in einem kleinen Dorf fest. Bald war ich frei und konnte abends ausgehen. Nach jeder weiteren Fahrstunde wurde ich sicherer. Meine Angst war verschwunden. Die Praxisprüfung bestand ich allerdings erst beim zweiten Mal. Ich denke, ich war etwas zu selbstbewusst, vergaß dadurch entscheidende Dinge und machte einen Fehler nach dem anderen. Ein bisschen Angst schadet also nicht, sondern führt zu einem achtsameren Verhalten. Wenn man vorsichtig ist, vermeidet man Fehler, die bei unvorsichtigem Verhalten schnell auftreten können. Ich bin mir sicher, dass die ganzen Fehler in meiner Lernphase gut waren. Ich lernte, mich zu verbessern. Es war eine anstrengende Zeit und der Aufwand bis zum Führerschein war groß. Sobald ich den Schein in der Hand hielt, war ich glücklich und stolz. Ich war am Ziel angekommen.

Dieses Beispiel zeigt, wieso eine Handlung nur sinnvoll ist, wenn man sein Ziel kennt. Beim Investieren ist das Ziel die Grundvoraussetzung für jede Entscheidung. Der Weg, zum erfolgreichen Investor zu werden, kostet Zeit, Geduld und Geld. Man muss sich regelmäßig neues Wissen aneignen, Bücher lesen und Zeit finden. Dabei verzichtet man auf Dinge aus dem gewohnten Alltag. Das ist nicht einfach, wenn man nicht weiß, wofür man sich das ganze Investmentwissen überhaupt aneignet. Lernen macht nicht immer Spaß, wie ich es bereits im Abschnitt »Angst ist an allem schuld« erklärt habe. Erst nachdem ihr ein Ziel vor Augen habt, weckt Lernen eure Neugier und Motivation. Das alles passiert nur, wenn ihr wirklich ein Ziel vor Augen habt. Da durch passives Lernen nicht viel Wissen hängen bleibt, ist es wichtig, sich aktiv – also spielerisch – an die neue Materie heranzutasten. Ein Spieldepot ist der Anfang für jeden Investor. Seminare und »Webinare« gehören darüber hinaus genauso dazu, wie das tägliche Verfolgen von Wirtschaftsnachrichten. In Investmentclubs könnt ihr euch regelmäßig austauschen und Ratschläge einholen. Aus einem passiven Lernprozess wird interaktives Lernen, also Lesen, Hören, Spielen und Sich-darüber-Austauschen. Das ist der Lernprozess, der einen erfolgreichen Investor ausmacht. Dabei merkt ihr gar nicht, wie schnell ihr euch vom Anfänger zum Experten hocharbeitet. Sobald ihr wisst, wieso ihr euch das eigentlich antun möchtet, macht es einen Riesenspaß. Versprochen!

Bevor ihr damit beginnt, ein kleines Vermögen aufzubauen, ist es notwendig, euch darüber im Klaren zu sein, an welchen Investments ihr besonders große Freude habt. Nicht jeder mag die gleichen Dinge. Zu vergleichen ist so etwas mit einer Diät. Es gibt Frauen, die Nulldiäten lieben, weil es so schnell geht. Andere bevorzugen Trennkost, da diese Diät gesünder ist und trotzdem einen großen Erfolg beim Abnehmen bringt. Entscheidend ist das persönliche Empfinden. Es variiert von Person zu Person. Genauso ist es mit Investments. Es gibt sehr viele Formen von Investments. In diesem Buch geht es mir darum, euch an die Idee des Investierens heranzuführen und euch darauf vorzubereiten. Um den Start einfach zu gestalten, zeige ich euch einige grundlegende Möglichkeiten von der Aktienanlage bis hin zum Thema Immobilien. Ihr werdet schnell feststellen, was euch besonders großen Spaß bereitet. Jedoch starten wir zunächst mit einem Sparplan für den Ernstfall. Noch vor der Investmentstartphase ist ein finanzielles Notfallpolster sinnvoll. Denn jeder kennt das Problem. Sobald man pleite ist, häufen sich unerwartete Ausgaben an. Da werden z. B. Nebenkostennachzahlungen fällig, die Waschmaschine geht kaputt, man möchte so gerne mal in den Urlaub fahren oder man verliert plötzlich seinen Job. Zu empfehlen ist ein finanzielles Backup von mindestens drei Monatsgehältern. Für Metropolen, wie München, Frankfurt und Düsseldorf, ist selbst das zu gering. 10.000 Euro bilden hier eine sinnvolle Grundlage. Damit man jederzeit an das Geld kommt, empfehle ich euch ein Tagesgeldkonto. Für sehr viele Menschen ist es unvorstellbar, 5.000 Euro anzusparen. Monatlich müsst ihr ein Jahr lang jeden Monat 417 Euro beiseitelegen. Ich bin mir ganz sicher, dass ihr das schafft! Der positive Nebeneffekt: Sobald ihr damit beginnt, euch mit dem Sparen anzufreunden, findet ihr sicherlich bald Spaß daran. Es ist am Anfang ungewohnt. Jedoch werdet ihr dadurch sehr kreativ und ändert vielleicht sogar alte Gewohnheiten, um noch schneller an euer Ziel zu kommen.

Es ist wie beim Abnehmen: Am Anfang ist es mühsam und macht keinen Spaß. Man schiebt es auf, aber sobald man damit anfängt, wird es bald zur Routine. Findet ihr einen monatlichen Betrag in Höhe von 400 Euro zu hoch? Versucht es mit einem Nebenjob. Eine Nebentätigkeit kann sogar Spaß machen. Ich musste mal in einer Tubenfabrik arbeiten und gebe zu: Es war die Hölle! Jedoch kann man sich mit diversen Nebenjobs ganz einfach ein finanzielles Polster schaffen. Wie wäre es mit coolen Jobs, wie Babysitter, Hundesitter, Shopping-Berater, Mitarbeiter an der Kinokasse, Kellner, Autor, Fitnesstrainer, Tuppertante oder als UBER-Taxifahrer? Wichtig ist, dass ihr euren Nebenverdienst beiseitelegt. Somit kann euch keine unerwartete Rechnung aus der Ruhe bringen.

# Wir basteln uns ein Depot

»Das Leben ist ein Do-it-yourself-Programm. Die Teile sind alle verfügbar, zusammenbauen musst du sie selbst.«

Karl Pilsl (schon wieder dieser Österreicher)

*E*s wundert mich nicht, dass das Thema Aktien vielen Menschen Angst macht. Insbesondere Frauen sind etwas unsicher, da sie glauben, Männer seien Experten auf diesem Gebiet. Aus diesem Grund trauen sich Frauen weniger zu. Der Unterschied liegt auch im Risikoempfinden beider Geschlechter. Es gibt allerdings für jeden ein passendes Investment. Also Schluss mit den Ausreden, man hätte keine Zeit oder keine Ahnung. Keine Zeit zu haben, bedeutet in der Regel, andere Dinge als wichtiger ansehen. Aber ich verspreche euch, dass Investieren euer neues Lieblingsthema sein wird, sobald wir geklärt haben, welche Ziele ihr im Leben habt. Dann wird euch bewusst, dass kein Weg mehr daran vorbeiführt. Keine Angst! Männer reden gerne über ihre Aktienerfolge. Jedoch fällt mir kein männlicher Gesprächspartner ein, der sich seine realisierten Verluste eingestehen würde.

Was Männer gut können, ist der Umgang mit Zahlen. Bei der Zahlenkombination 90-60-90 entwickeln sie ein beachtliches räumliches Vorstellungsvermögen, das uns Frauen schnell in den Schatten stellt. Und Klugscheißen gehört auch zu einem beliebten männlichen Hobby. Fragen stellen sie ungern, denn so etwas machen nur Leute, die keine Ahnung haben. Gerade hier liegt der Grund, weshalb Frauen die besseren Karten beim Investieren haben. Sie gelten als das schwache Geschlecht. Fragen ist typisch Frau. Macht euch genau das zum Vorteil! Fragen hat noch nie geschadet! Stellt euch immer schön dumm und fragt, was das Zeug hält. Ihr werdet staunen, wie schnell euer Fachwissen zunimmt. Ich will jetzt nicht als Deutschlands zweitgrößte Emanze dastehen, zumal ich mein Geld ordentlich versteuere und nicht in der Schweiz verstecke. Jedoch ist es an der Zeit, dass Frauen an Börsenwissen aufholen und den Männern bald zeigen, welche Investments eine ordentliche Rendite bringen.

Die meisten Frauen kennen sich mit solchen Dingen nicht aus. Woher auch? Es zu lernen, gleicht dem ABC in der Schule. Die Grundlagen sind dabei entscheidend, um sich im stürmischen

Auf und Ab der Aktienkurse sicher zu bewegen. Damit ihr bald Experten auf diesem Gebiet seid, fangen wir zunächst mit dem Aktien-ABC an. Ihr müsst die Angst davor verlieren. Eure Freunde, Bekannten und Familien werden euch mit Skepsis und Desinteresse begegnen, sobald ihr davon redet. Sucht euch am besten Gleichgesinnte. Auf meiner Facebook-Seite könnt ihr euch beispielsweise austauschen. Es gibt unzählige Möglichkeiten, sich ein umfangreiches Finanzwissen anzueignen. Spannend bleibt es aber nur, wenn es jemanden gibt, mit dem ihr euch darüber jederzeit beratschlagen könnt. Haltet euch fern von Anlage-Pessimisten! Man erkennt sie daran, dass sie über Aktien und Wertpapiere schimpfen. »Ich habe alles verloren!«, hört man sie sagen. Den letzten Jammernden traf ich auf einer Veranstaltung in einem schönen Münchner Hotel. Investment-Berater stellten an diesem Abend Optionsscheine und Knock-out-Zertifikate vor. Das sind Werte, die sobald sie eine bestimmte Kursschwelle überschreiten, einen hohen Verlust bringen. Ich halte solche Dinge für zu riskant, finde die Idee aber sehr unterhaltsam. Wer gerne wettet, hat an so etwas besonders großen Spaß.

Zurück zur Veranstaltung: Ich war gerade dabei, mich aufs Buffet zu stürzen. Plötzlich kam ein etwas langweiliger Typ auf mich zu. Mit weinerlicher Stimme begann er mir von seinem Pech zu berichten, er habe alles verloren. Genervt fragte ich ihn, wieso er dann überhaupt an dieser Veranstaltung teilnimmt. Schnell holte ich mir an der Bar etwas zu trinken, um unbemerkt vor ihm zu flüchten. Männer machen sich mit solchen Aussagen schnell sehr uninteressant. Wer ohne Strategie und ohne gewisse Vorbereitung mit Aktien oder sonstigen Wertpapieren handelt, braucht am Ende nicht zu jammern. Noch nie war es so einfach, sich an der Börse ein Vermögen zu holen. Mithilfe des Internets und verschiedenen Order-Automatismen gelingt es ganz leicht, sich vor Verlusten zu schützen. Zunächst bedarf es etwas Übung. Fangen wir gleich damit an! In Deutschland gibt es einige Direktbanken, wie beispielsweise Comdirect und Cortal Consors. Die Ordergebühren dieser Institute sind relativ günstig. Einen Überblick zu den Ordergebühren von Comdirect findet man unter: http://www.comdirect.de/cms/comdirect-depot-konditionen.html.

Besonders gut finde ich, dass man bei Direktbanken selbst entscheiden kann, in welche Wertpapiere man investiert. Es gibt schließlich keinen aufdringlichen Bankberater, der sich täglich seine Provision verdienen möchte. Zudem gibt es keine Kontoführungsgebühren. Regelmäßig erhält man von seiner Direktbank ein Kundenmagazin, das verschiedene Anlagemöglichkeiten vorstellt. Zudem sind die Internetseiten dieser Banken besonders informativ und wecken Interesse am Online-Handel. Sobald man Fragen hat, kann man beim Broker jederzeit anrufen und wird kompetent beraten. Falls man unsicher ist, kann man auch per Telefon eine Order aufgeben. Allerdings empfehle ich, aufgrund der höheren Telefonordergebühr eine Online-Order am PC durchzuführen. Sobald das Konto beim Discount-Broker (der Online-Depotbank) eröffnet ist, erhält man ein Depot und ein Verrechnungskonto, auf Wunsch zusätzlich auch ein Girokonto und ein Tagesgeldkonto. Auf das Verrechnungskonto überweist man einen gewissen Betrag. Davon werden die Aktienkäufe bezahlt und das Ergebnis beim Verkauf verbucht. Ihr seid damit schon einen großen Schritt weiter. Euer erster Trade steht bald bevor. Allerdings möchte ich, dass ihr nichts überstürzt, denn es gibt noch einige Dinge, auf die ich euch vorbereiten will. Zunächst schaut ihr euch die folgenden Checklisten und das Aktien-ABC an. Denn: jeder Mensch hat einen anderen Bezug zu Geld. Manch einen schmerzt bereits ein Verlust von 100 Euro. Ein anderer kann auch bei einem Verlust von 1.000 Euro und mehr nachts gut schlafen.

## Finanzgeschäfte sind wie Männer

Bevor ich euch eine Einführung ins Aktien-ABC gebe, möchte ich euch zeigen, dass Männer und Investments sehr viel gemeinsam haben. Ihr müsst lernen, abstrakt zu denken. Investieren macht dadurch richtig viel Spaß! Ihr seid dadurch plötzlich in der Lage, komplizierte Dinge einfach zu verstehen. Männer und Investments gruppiere ich gerne ein, denn man muss immer wissen, mit wem und mit was man zu tun hat. Der wesentliche Unterschied zu Männern ist allerdings der, dass ein Investment niemals böse Dinge zu euch sagt, wie dass ihr abnehmen sollt oder dass ihr geschminkt besser ausseht als ohne Make-up.

## DER PASSIVE LANGWEILER

Diese Männerkategorie kenne ich besonders gut. Auf meinen Ex-Freund passt diese Beschreibung wie die Faust aufs Auge. Es war trotzdem gut, dass ich meine Erfahrung mit einem passiven Langweiler gemacht habe. Die Beziehung lief automatisch ab. Er saß immer neben mir, und ich entschied, was wir am Wochenende machen. Ich konnte alles, was ihn betraf, genau voraussagen. Ich war mir sicher, dass er mich sofort heiratet, sobald ich das Kommando dafür geben würde. Alles war harmonisch und irgendwie langweilig. Ich musste ihm nicht einmal etwas zu Weihnachten oder zum Geburtstag schenken. Mein Aufwand war gering, jedoch hatte ich auch keinen besonderen Spaß in der Beziehung. Abends konnte ich gemütlich mit meinem Freund auf der Couch sitzen und entscheiden, welchen Film wir uns ansehen. Es war bequem, aber nachdem meine Langeweile ins Grenzenlose angestiegen war, beschloss ich, mich nach einer neuen Kategorie umzusehen. Versprecht euch nicht zu viel von passiven, langweiligen Männern. In der Regel sind sie brav, betrügen euch nicht und beenden auch niemals die Beziehung. Ihr entscheidet, ob geheiratet wird und wann.

Ein passiver Mann passt optimal zu Frauen, die ein geringes Risiko eingehen möchten. Da ich es aber liebe, Risiken einzugehen, entschied ich mich im Anschluss für den aufregenden Womanizer. Ich begebe mich jetzt mit dem folgenden Vergleich auf ein gefährliches Terrain, aber ich suche ein Beispiel für den passiven Langweiler. Wie wäre es mit Donald Duck? Richard Gere fand ich auch etwas zu passiv. Pretty Woman musste ewig darauf warten, bis es endlich mal aufregend mit ihm wurde. Im Vergleich zu einem Investment entsprechen Blue-Chip-Aktien dieser Kategorie, also Standardwerte, die in den großen Indizes wie DAX, Dow Jones und EuroStoxx vertreten sind. Ich hatte Aktien von Nestlé in meinem Depot und wusste, dass ich mit ihnen nicht viel Aufwand haben werde. Sie brauchten nicht viel Aufmerksamkeit und brachten mir eine gute jährliche Rendite inklusive Dividende. Ein weiteres Beispiel für einen passiven Langweiler sind Fonds. Die Arbeit leisten Fondsmanager und in der Regel entwickeln sich Fonds ohne allzu große Schwankungen. Euer Risiko ist überschaubar und ihr müsst euch keine großen Sorgen machen.

## DER AUFREGENDE WOMANIZER

 Jeder von euch kennt mindestens einen, der euch schon lange durch den Kopf geht und den ihr sicherlich niemals vergesst. Ihr denkt täglich an ihn und an eure erste Begegnung. Er ist geheimnisvoll, aufregend und einfach unwiderstehlich. Das Unbekannte in ihm weckt eure Neugier. Seid aber bloß nicht überrascht, wenn er euch das Herz bricht. Ein solcher Mann ist nicht besonders einfach in der Handhabung. Sobald sie sich unbeobachtet fühlen, machen sie, was sie wollen. Sie kosten Zeit und Nerven, aber sie machen Spaß! Wer den Nervenkitzel und das Kribbeln im Bauch liebt, weiß wovon ich rede. Man geht mit ihnen durch viele Höhen und Tiefen. Die Höhen sind sehr hoch, die Tiefen extrem tief. Die Phasen wechseln meistens sehr schnell und treffen uns oftmals unverhofft. Man verbrennt sich schnell die Finger am aufregenden Womanizer. Seid immer vorsichtig und überlegt, ob es langfristig mit so einem Typ gut gehen kann. Batman und Ashton Kutcher fallen in diese Kategorie. Demi Moore weint Ashton sicher noch heute hinterher, und er erinnert sich vermutlich nicht einmal mehr an ihren Namen.

In Bezug auf Investments sind Pennystocks die optimale Assoziation, also Aktien, die für sehr kleines Geld zu haben sind, deren Kursschwankungen aber gewaltig sind. Mit ihnen habt ihr aufregende Zeiten und vergesst nicht eine Sekunde mit ihnen im Depot. Ihr müsst besonders aktiv sein und schnell handeln, damit sie euch nicht in die falsche Richtung entwischen. Eine Immobilie gehört auch in diese Kategorie, da ihr aktiv mit Mietangelegenheiten konfrontiert werdet. Euch muss klar sein, dass der aufregende Womanizer euch sehr verletzen kann, wenn ihr nicht wisst, wie man mit ihm umgeht. Ich rate euch zunächst Erfahrungen mit dem netten Langweiler zu sammeln. Aus Erfahrungen wird man zum Experten und entwickelt die sogenannten Soft Skills, die es uns erlauben, in unbekannte Territorien vorzudringen. Wenn ihr überlegt, mit welchen Typen ihr im Alter von 16 Jahren ausgegangen seid, versteht ihr, was ich damit meine. Man verliebte sich damals täglich aufs Neue. Die Hauptsache war, dass es ordentlich im Bauch kribbelte. Während dieser Zeit gab es in einem Jahr so viele Höhen und Tiefen, dass man sich heute nur noch kopfschüttelnd darüber amüsiert. Allerdings weiß man erst durch diese Erfahrungen, welcher Typ wirklich zu einem passt. Im Finanzwesen sind Erfahrungen extrem wichtig. Ohne sie wird gerade diese Kategorie zur reinen Spekulation. Hierbei handelt es sich um kurzfristige Investitionen, die ohne jeglichen Planungsaufwand mit einem hohen Risiko einhergehen. Euer Geld ist bei einer Spekulation in großer Gefahr.

## DER VOLLPFOSTEN

Den Vollpfosten erkennt man daran, dass man ihn noch nie bemerkt hat. Er ist zwar da, aber es macht keinen Unterschied, ob er präsent ist oder nicht. Langweiliger kann ein Mann einfach nicht sein. Am besten man geht ihm aus dem Weg, denn man verschwendet mit ihm nur kostbare Zeit. Benjamin Blümchen gehört definitiv in diese Kategorie. Bei Finanzprodukten fallen darunter das Sparbuch und das Festgeldkonto. In der aktuellen Niedrigzinsphase gehören Rentenfonds aufgrund des derzeit so unspektakulären Anleihenmarkts ebenfalls in diese Kategorie. Auch Aktienanleihen sind solche Vollpfosten. Bei Aktienanleihen entscheidet die herausgebende Bank am Tag der Fälligkeit, ob Sie in Geld oder in Aktien zurückzahlt. Das bedeutet, dass die Gefahr besteht, dass ihr bei Fälligkeit Aktien erhaltet, sobald der Kurs einer solchen Anleihe den Ausgabepreis unterschreitet. Die will die Bank in dem Fall auch nicht mehr, und bevor man sie wegschmeißt, bekommt sie der Kunde. Immerhin beschwert er sich dann nicht, da er nicht mit leeren Händen dasteht. Man kauft mit Anleihen schnell die Katze im Sack.

### Was sagt uns das?

So banal das alles klingen mag, ihr müsst euch Gedanken machen, welche Erwartungen ihr an euer Investment stellt. Führt euch immer erst euer Ziel vor Augen. Das erleichtert die Entscheidungsfindung bei der Kapitalanlage. Es gibt aktive und passive Investments. Passiv bedeutet, dass jemand anders euer Geld betreut und ihr hoffentlich von dessen Entscheidungen profitiert. Passiv bedeutet, dass ihr hoffen müsst, dass alles gut geht.

Aktive Investments erfordern zunächst etwas Energie und Zeit. Ihr müsst euch damit beschäftigen und euch Wissen aneignen.

Habt ihr Erfolg mit euren Investments ist das der beste Beweis, dass ihr in der Lage seid, euer Geld aktiv zu managen. Aktive Investments bedeuten eine besondere Herausforderung. Sie bieten euch mehr Potenzial für langfristigen Reichtum. Zunächst beginnt ihr mit der Geldanlage in passive Investments. Dadurch werdet ihr neugierig auf alles, was das Investieren zusätzlich zu bieten hat. Wird es euch schnell langweilig? Mögt ihr Entertainment? Dann sind Aktien und Immobilien das Richtige. Euer Risiko ist zwar höher als bei Fonds, aber das Ergebnis wird bei sorgfältiger Auswahl zu eurer vollen Zufriedenheit ausfallen. Zunächst müsst ihr wissen, welches Ziel ihr verfolgt. Ein passives Investment wird es nicht schaffen, euch monatliche Zahlungen zu ermöglichen. In diesem Fall wäre eine vermietete Immobilie und/oder eine Firmenbeteiligung besser geeignet. Wer langfristig aus dem Angestelltenleben aussteigen möchte, muss als aktiver Investor auftreten. Immobilien, Firmenbeteiligungen, eine eigene Firma. Es gibt zahlreiche Möglichkeiten. Aber ob sie zu euch und eurem Plan passen, entscheidet ihr allein!

Lernt als passiver Investor die Grundlagen kennen und vertieft sie Schritt für Schritt. Den Weg zu einem aktiven Investor geht ihr dabei unbemerkt. Damit meine ich, dass es vielen Menschen gar nicht bewusst ist, dass sie bereits Expertenwissen besitzen. Bei der Auswahl eurer Investments müsst ihr lernen, im Alltag genauer hinzuschauen. Mütter mit Kindern kaufen ihren Kleinen nicht nur Babynahrung von Nestlé, Zahnpasta von GlaxoSmithKline sondern auch Spielsachen von Mattel, Kleidung von Zalando und irgendwann eine Sony-Playstation. Das sind bereits fünf vielversprechende Unternehmenswerte. Die Mama braucht niemanden nach einem guten Börsentipp zu fragen. Sie kann die Tipps selbst geben. Ein weiteres Beispiel sind Angestellte. Firmen besitzen ein riesiges Netzwerk. Die Marketingabteilung bestellt regelmäßig Produkte für Kundenaktionen, der Einkauf sieht, bei welchen Firmen besonders viel Umsatz generiert wird. Als ich einmal im Büro an einer Videokonferenz teilnahm, fiel mir die Aufschrift Cisco am Bildschirm auf. Versteht ihr jetzt, wieso Aktien von Cisco Systems in meinem Depot gelandet sind? Videokonferenzen sind die Zukunft und Cisco Systems liefert das Equipment dafür. An einem anderen Tag war ich beim Arzt und er machte eine Ultraschalluntersuchung. Ich schaute mich im Untersuchungszimmer um. Es war komplett ausgestattet mit teuren Geräten von General Electric. Der Arzt bewarb während der Untersuchung ein neues Produkt, das er all seinen Patientinnen empfahl. Es nannte sich Gynefix und war frei von Nebenwirkungen. Pfizer stellt es her und ich sah mir anschließend die Firma genauer an, recherchierte im Internet und nahm Einblick in die Bilanz. Nicht schlecht! Noch ist die Pfizer-Aktie nicht in meinem Depot, aber ich behalte sie im Blick.

## Checkliste: Seid ihr bereit für mehr Geld?

Es wird nicht einfach, die folgenden Fragen zu beantworten. Bitte sorgt dafür, dass ihr ungestört seid. Nehmt einen Stift zur Hand und ein Blatt Papier. Der vorgegebene Platz hinter den einzelnen Fragen reicht eventuell nicht aus. Nutze die Checkliste als eine Art Brainstorming. Schreibt alles auf, was euch mit jeder Frage in den Sinn kommt.

- Was ist Geld?

- Welche Bedeutung hat Geld für euch?

- Sprecht ihr gerne über Geld?

- Ist es euch peinlich, darüber zu sprechen?

- Welchen Stellenwert hat Geld in eurer Familie?

- Wird in eurer Familie über Geld gesprochen?

- Wie denken eure Eltern über Geld?

- Weicht eure Einstellung zu Geld von der eurer Eltern ab?

- Wieso möchtet ihr euch mit Finanzthemen auseinandersetzen?

- Was motiviert euch dabei?

- Aus welchem Grund möchtet ihr finanziell unabhängig sein?

- Welche Meinung habt ihr über sehr reiche Menschen?

- Wie würde euer Leben verlaufen, wenn Geld darin keine Rolle spielen würde?

–  Wie würdet ihr euer Leben verbringen, wenn ihr alle Zeit der Welt hättet?

–  Inspiriert euch Geld so sehr, dass ihr bereit seid, euch Finanzwissen mithilfe von Büchern und Seminaren anzueignen?

–  Wie viel Freizeit würdet ihr dafür freiwillig opfern? Bitte tragt hier eine Stundenzahl pro Tag ein.

–  Führt euch nun diese Stundenzahl vor Augen. Zweifelt ihr daran, dass ihr es zeitlich schafft?

–  Gibt es Dinge, mit denen ihr eure Zeit verschwendet? Bitte überlegt, wie ihr extra Zeit gewinnen könnt, indem ihr Zeitfallen identifiziert.

–  Bitte nennt eure Top-3-Prioritäten im Leben.

–  Welche davon ist die Nummer 1?

–  Ist viel Geld förderlich für Priorität Nummer 1?

–  Wie würdet ihr euer Leben gestalten, wenn ihr nie mehr arbeiten gehen müsstet?

–  Was bedeutet Reichtum für euch?

–  Ab wann bezeichnet ihr jemanden als reich?

–  Auf einer Skala von 1 bis 10: Wie sehr wünscht ihr euch, irgendwann mal reich zu sein? (10 bedeutet »unbedingt«, 1 bedeutet: »nicht wirklich«)

## Ein abschließender Gedanke

Allzu gerne möchte ich in die Zukunft blicken. Jedoch habe ich irgendwie große Angst davor. Trotzdem bin ich neugierig und möchte gerne wissen, was die Zukunft bringen wird. Ich schließe meine Augen und sehe einen Mann. Es ist meine Nummer 1! Oh, nein! Wer ist diese Frau an seiner Seite? Bin das etwa ich? Anscheinend habe ich über die Jahre ganz schön zugenommen. Und wieso habe ich diese schreckliche Frisur? Tragen etwa alle Frauen in Zukunft rote Strähnchen im Haar? Schnell öffne ich die Augen und möchte nicht weiter darüber nachdenken, wie meine Zukunft wohl aussehen mag. Wieso auch? Die Gegenwart ist doch wunderschön! Denn ich habe alles, was man für ein glückliches Leben braucht. Eine Familie, einen tollen Mann an meiner Seite, ein verwöhntes Haustier und das nötige Finanzwissen, um mein eigenes Leben aktiv zu gestalten. Blicke ich zurück, erschien es mir früher unmöglich, ein entspanntes und zufriedenes Leben zu führen. Ständig setzte ich mich unter großen Druck, die utopischen Erwartungen anderer Menschen zu erfüllen.

Finanzielle Verpflichtungen machten mir solche Angst, dass ich alles daran setzte, mich nur auf mein Angestellten-Dasein zu konzentrieren. Es blieb damals keine Zeit für meine Familie, meine Freunde oder meine Hobbys. All das erschien nicht mehr wichtig, da meine Angst mir diktierte, dass ich mich nur auf mein Berufsleben konzentrieren musste. Es glich alles irgendwie einem erbärmlichen Versuch, allein in einer Großstadt zu überleben. Die ständig steigenden Mieten zeigten mir schließlich, wer im Leben das Sagen hatte. Ich fühlte mich hilflos. Ausgeliefert. Hoffnungslos. Allein.

Geht es euch genauso? Dann ändert das und schaut nach vorn! Es steckt viel mehr in euch, als ihr euch vorstellen könnt! Zeigt allen, dass ihr fähig seid, euch ganz allein ein starkes finanzielles Fundament zu schaffen. Schon bald stellt ihr alle in den Schatten! Den Weg zur Finanz-Diva geht ihr dabei ganz alleine. Gefunden habt ihr ihn schon. Er liegt direkt vor euch. Traut euch und macht den ersten Schritt.

# Teil 2 –
## Multiple Choice:
## GELD MACHT SEXY

»Denke wie eine Königin. Eine Königin hat keine Angst zu scheitern. Scheitern ist ein weiteres Sprungbrett zur Größe.«

Oprah Winfrey, US-amerikanische TV-Moderatorin

# Habt ihr das Zeug zur Superreichen?

*W*ie ihr wisst, liebe ich es, euch Fragen zu stellen. Schließlich sollt ihr herausfinden, ob ihr euch auf dem richtigen Weg befindet, was eure finanzielle Zukunft anbelangt. Habt ihr Lust auf eine weitere Test-Runde? Dann nehmt euch etwas Zeit für die folgenden Multiple-Choice-Fragen.

Findet nun heraus, ob ihr das Zeug zur Superreichen habt. Überlegt euch im folgenden Test, welche Antworten auf euch zutreffen. Bitte beachtet, dass nur eine Antwort pro Frage ausgewählt werden kann.

## Multiple-Choice-Test

### 1. Wie viel Geld möchtet ihr in zehn Jahren haben?
a) 50.000 Euro
b) 100.000 Euro
c) 500.000 Euro
(d) Mehr

### 2. Welche Prioritäten treffen auf euch zu?
a) Unseren Mann in allen Lebenslagen bestmöglich unterstützen
b) Uns gänzlich der Erziehung und dem Wohl unserer Kinder widmen
c) Unsere Energie und Kreativität unserem Arbeitgeber widmen
(d) Wir scheißen auf Prios, denn wir lassen andere für uns arbeiten

### 3. Wo seht ihr euch in fünf Jahren?
a) Im Kreißsaal (zum fünften Mal)
b) Bei der Suchtberatung
(c) Auf Incentive-Lustreise in Paris
d) In einer Vorstandssitzung, wo bereits alle auf mich warten

### 4. Was sind eure Schwächen?
(a) Das geht dich einen Scheißdreck an!
b) Unser Mann
c) Mangelhaftes Zeitmanagement und ein hohes Maß an Ungeduld
d) Wir haben keine

### 5. Was sind eure Hobbys?
a) Unser Mann
b) Unsere Familie

c) Wir haben keine Zeit für Hobbys
d) Geld zählen

**6. Und die Zusatzfrage lautet: Wieso beschäftigt ihr euch mit Finanzliteratur?**
a) Unser Mann gibt uns nicht genug Taschengeld
b) Wir sind pleite
c) Wir warten schon zu lange auf eine Gehaltserhöhung
d) Geld regiert die Welt

### Die Stunde der Wahrheit: Ermittelt nun euren Punktestand

Bitte zählt, wie oft ihr a, b, c und d ausgewählt habt. Für jede a-Antwort erhaltet ihr einen Punkt, für b-Antworten bekommt ihr zwei Punkte, drei für cs und zehn für alle ds. Und? Wie viele Punkte habt ihr?

### Ihr habt zwischen 6 und 11 Punkte. Das bedeutet für euch:

Nachdem ihr bereits im vergangenen Finanz-Diva-Test nur die a-Antworten ausgewählt habt, dachte ich, ihr sehnt euch endlich mal nach etwas Abwechslung in eurem Leben. Klar, wir alle denken andauernd an unseren Mann und das ist auch gut so. Aber denkt auch mal ein kleines bisschen an euch. Euer Leben hat dann noch viel mehr zu bieten.

### Ihr habt zwischen 12 und 17 Punkte. Das bedeutet für euch:

Ihr mögt die gemütliche goldene Mitte, oder? Wenn das euer Maß aller Dinge ist und es euch ausreicht, dann ist das völlig okay. Aber dann müsst ihr mein Buch nicht weiter lesen, sondern könnt euren Tag so gestalten, wie alle eure 500-Facebook-Freunde. Übrigens: Instagram ist aktuell total angesagt. Eure Eltern kennen es auch noch nicht. Das macht euren Alltag vielleicht etwas abwechslungsreicher.

**Ihr habt zwischen 18 und 59 Punkte. Das bedeutet für euch:**
Und? Habt ihr nach Finanz-Diva-Testrunde 1 eine Gehaltserhöhung bekommen? Oder hat euch euer Chef stattdessen ein aufregendes Projektmanagement-Seminar geschenkt? Ich bin gespannt, ob ihr endlich auf der Karriereleiter nach oben gekommen seid. Arschkriechen macht euch ja anscheinend nichts aus. Ich wünschte, ich könnte so etwas auch. Dann müsste ich keine Bücher produzieren, um mich über Wasser zu halten. Respekt! Deutsche Gründlichkeit habt ihr jedenfalls im Blut.

**Ihr habt 60 Punkte. Das bedeutet für euch:**
Ich bin stolz auf euch! Aber das wisst ihr ja bereits. An Selbstbewusstsein mangelt es euch schließlich nicht. Ihr habt das Zeug zur Frau Trump Deutschlands. Wusstet ihr eigentlich, dass unter den 30 reichsten Menschen der Welt nur vier Frauen sind? Ich hoffe, ihr werdet dazu beitragen, die bis dato niedrige Frauenquote in den Forbes-Charts zu steigern. Mit eurer Einstellung reserviert euch Forbes schon jetzt einen Platz auf seiner Liste der reichsten Menschen der Welt.

**Und nun kommen wir zur Erläuterungen der einzelnen Fragen**

**1. Wie viel Geld möchtet ihr in 10 Jahren haben?**
a) 50.000 Euro
b) 100.000 Euro
c) 500.000 Euro
d) Mehr

**Habt ihr Antwort a ausgewählt?**
Sagt mal, wieso seid ihr eigentlich so bescheiden? Habt ihr vielleicht Angst vor Geld? Gier in Maßen hat noch niemandem geschadet. Schaut euch bitte den Film »Wallstreet« an, und danach wiederholt ihr den Test erneut. Ich bin mir sicher, dass auch in euch ein Gordon Gekko steckt.

### Weiter geht's mit Antwort b:

Ihr seid ganz schön bequem. Lasst mich raten. Neben eurem Tagesgeldkonto zahlt ihr jeden Monat ganz brav in einen Fondssparplan ein. Wenn ihr jetzt an dieser Stelle ein Lob erwartet, muss ich euch leider enttäuschen.

### Nun zu Antwort c:

Welcher Frau reichen eigentlich 500.000 Euro, wenn sie auch mehr haben kann? Wer weiß, ob man sich in zehn Jahren mit dieser Summe überhaupt noch ein paar Manolo-Schuhe kaufen kann? Mein Tipp: Think Big!

### Habt ihr Antwort d ausgewählt?

Ihr habt verstanden, auf was es im Leben ankommt. Mit eurer Einstellung lest ihr sicherlich nicht einmal die Auswertung zu euren Antworten, denn ihr wisst, dass ihr alles schafft, was ihr wollt.

### 2. Welche Prioritäten treffen auf euch zu?

a) Unseren Ehegatten in allen Lebenslagen bestmöglich unterstützen
b) Uns gänzlich der Erziehung und dem Wohl unserer Kinder widmen
c) Unsere Energie und Kreativität unserem Arbeitgeber widmen
d) Wir scheißen auf Prios, denn wir lassen andere für uns arbeiten

Habt ihr euch für Antwort a entschieden?

Ich finde es toll, dass ihr stets an andere denkt. Leider gewinnen im Leben die Egoisten. Die meisten von ihnen sind Männer. Fragt doch mal euren Mann, welche Antwort er favorisiert.

**Weiter geht's mit Antwort b:**

Wir sind hier nicht beim Casting für »Deutschland sucht die Super-Mutti«! Außerdem sucht ihr bestimmt nur eine Ausrede, damit euer Mann die Kohle ranschafft und ihr gemütlich daheim vorm Fernseher chillen könnt. Werdet endlich mal etwas aktiver und vor allem kreativer. Euer Leben bekommt dann einen neuen Sinn.

**Nun zu Antwort c:**

Er hat euch also noch nicht gefeuert? Glück gehabt! Dann seid weiterhin schön strebsam. Dann klappt's auch mit dem Chef!

Kurz gesagt:

**Antwort d gewinnt!**

**3. Wo seht ihr euch in fünf Jahren?**
a) Im Kreißsaal (zum fünften Mal)
b) Bei der Suchtberatung
c) Auf Incentive-Lustreise in Paris
d) In einer Vorstandssitzung, wo bereits alle auf uns warten

**Habt ihr Antwort a ausgewählt?**

Respekt! Dank euch wird Deutschland nicht aussterben. Bei fünf Kindern bekommt ihr ordentlich Kindergeld. Kleiner Tipp: Mit Hilfe von verschiedenen Vätern erhaltet ihr die beste Rendite.

**Weiter geht's mit Antwort b:**

Ich hoffe, ihr haltet euch fern von harten Drogen wie Meth und Krokodil. Übrigens: Auch Börsengeschäfte können süchtig machen! James J. Cramer ist einer von vielen ehemaligen Börsen-Junkies. Mithilfe seines Buches »Bekenntnisse eines Wallstreet-Süchtigen« hat er sich selbst therapiert. Bevor ihr zu den anonymen Aktienholikern geht, holt euch sein Buch. Vielleicht pusht er eure Einstellung zu eurem Leben in die richtige Richtung.

### Nun zu Antwort c:

So schlimm? Euer Job verlangt euch ganz schön viel ab, oder? Zu viel, wenn ihr mich fragt. Ich hoffe, ihr schafft euch in eurem Leben endlich Platz für etwas Optimismus und Spaß.

### Antwort d bedeutet:

Bingo!

### 4. Was sind eure Schwächen?
a) Das geht dich einen Scheißdreck an!
b) Unser Mann
c) Mangelndes Zeitmanagement und ein hohes Maß an Ungeduld
d) Wir haben keine

### Habt ihr Antwort a ausgewählt?

Ich habe da wohl einen wunden Punkt erwischt, was?

### Weiter geht's mit Antwort b:

Nicht schon wieder euer Mann. Kommt schon! Lasst euch mal was einfallen.

### Nun zu Antwort c:

Ihr sehnt euch bestimmt auch nach Anerkennung und Lob von eurem Chef. Was euch das bringt? Nicht viel. Der Wunsch nach Anerkennung ist eure größte Schwäche.

### Habt ihr Antwort d ausgewählt?

Das hab ich mir gedacht! War ja auch eine sinnlose Frage, oder?

## 5. Was sind eure Hobbys?

a) Unser Mann
b) Unsere Familie
c) Wir haben keine Zeit für Hobbys
d) Geld zählen

Habt ihr euch für Antwort a entschieden und bezeichnet euren Mann als euer Hobby?

Und weiter? Da muss doch noch irgendetwas anderes in eurem Leben eine Rolle spielen, was euch zumindest Spaß macht!

### Habt ihr Antwort b ausgewählt?

Besonders kreativ seid ihr jedenfalls nicht. Mein Vorschlag für eure Freizeitgestaltung: Macht Geld zu eurem neuen Lieblings-Hobby.

### Nun zu Antwort c:

Was heißt hier, ihr habt keine Zeit? Keine Zeit zu haben, bedeutet, dass euch andere Dinge wichtiger sind.

Alle, die Antwort d ausgewählt haben, heiße ich willkommen im Leben einer Finanz-Diva!

## 6. Und die Zusatzfrage lautet: Wieso beschäftigt ihr euch mit Finanzliteratur?

a) Mein Mann gibt mir nicht genug Taschengeld
b) Ich bin pleite
c) Ich warte schon zu lange auf meine Gehaltserhöhung
d) Geld regiert die Welt

Trifft Antwort a auf euch zu und ihr erhaltet zu wenig Kohle von eurem Ehegatten?

So ein Mistkerl! Habt ihr etwa auf das falsche Pferd gesetzt? Sagt bitte nicht, ich hätte euch nicht bereits zu Beginn des Finanz-Diva-Buches gewarnt!

### Weiter geht's mit Antwort b:

Das war ich auch, bevor ich endlich meinen Finanzhaushalt aufgeräumt habe. Es ist an der Zeit, dass ihr euch ernsthafte Gedanken über euren Kontostand macht! Ich bin mir sicher, ihr findet mithilfe dieses Buches die Lösung, wie ihr aus eurer Finanzkrise gelangt.

### Nun zu Antwort c:

Alle warten irgendwie auf eine fette Gehaltserhöhung. Die meisten jammern dabei jedem die Ohren voll und vermiesen allen die Laune, indem sie sogar regelmäßig streiken. Die Deutsche Bahn macht's vor. Und ihr nehmt euch daran ein Beispiel? Euer Frust wird durch falsche Vorbilder nicht abgebaut. Schluss mit dem Jammern! Nehmt euer Schicksal selbst in die Hand und seid anderen ein exzellentes Vorbild. Verschafft euch zusätzliche Einnahmen, die euch beispielsweise durch vermietete Immobilien zufließen. Wie ihr das schafft, erfahrt ihr in den folgenden Kapiteln.

### Habt ihr euch für Antwort d entschieden?

Ihr habt definitiv das notwendige Ego, um es allen zu zeigen. Findet heraus, was euch in der Finanz- und Geschäftswelt Spaß macht und erweckt eure neue Leidenschaft. Das Unternehmer-Gen tragt ihr definitiv in euch. Da ihr keine Angst kennt, hartnäckig seid und nur den Weg nach vorne sucht, besitzt ihr die wichtigen Eigenschaften superreicher Menschen.

# Das ABC des Aktienhandels

*W*ir kommen nun zu einem meiner Lieblingsthemen: Aktien. Das sind Unternehmensanteile, die euch am Erfolg der Firma teilhaben lassen. Es gibt Anleger, die sich Aktien aufgrund von Dividendenzahlungen ins Depot holen. Andere Anleger konzentrieren sich ausschließlich auf Werte mit hohem Kurswachstumspotenzial. Unter einer Aktie versteht man genauer gesagt den verbrieften Anteil an einer Aktiengesellschaft. Diese zerlegt ihr Grundkapital in Aktien. Sobald ihr euch Aktien ins Depot holt, erhaltet ihr einen kleinen Firmenanteil. Der Aktienkurs multipliziert mit der am Markt frei handelbaren Stückzahl von Aktien ergibt den Börsenwert. Das nennt man auch Marktkapitalisierung. Der Aktienkurs ergibt sich aus dem Angebots- und Nachfrageverhalten der Anleger. Die Nachfrage nach einer Aktie steigt, indem viele Menschen sie kaufen. Wieso sollten sie das tun? Weil sie hoffen, dass die Firma weiter wächst und der Aktienkurs kontinuierlich steigt. Diese Erwartungshaltung der Anleger macht dem Kurs ordentlich Dampf, und er steigt. Abwärtsbewegungen sind nicht selten das Resultat von enttäuschten Aktionären. Massenweise verkaufen sie ihre Aktien bei schlechter Performance. Der Kurs geht wieder nach unten. Das klingt alles etwas kompliziert, oder?

Damit es leicht verständlich ist, vergleichen wir eine Aktie mit einem Stück Kuchen. Den ganzen Kuchen kann man in zehn kleine Stücke teilen. Jedes Stück wird zu einem Euro angeboten. Ein Euro mal zehn Stück ergibt die Marktkapitalisierung und abstrakt betrachtet den Börsenwert. Schmeckt der Kuchen besonders gut, spricht sich das schnell herum; alle Leute wollen ihn jetzt kaufen, die Nachfrage steigt. Der Bäcker setzt schnell den Preis nach oben, denn er kann mit den steigenden Einnahmen in einen neuen Backofen investieren. Somit kann er in Zukunft noch mehr Kuchen anbieten. Sein Sortiment wächst. Plötzlich findet einer seiner Kunden Ungeziefer im Kuchen. Der Kunde rennt schreiend aus dem Laden und sofort wissen alle Bescheid. Die Nachricht verbreitet sich geschwind: Der Bäcker hat seine Preise mächtig angehoben, die Kunden eiskalt zur Kasse gebeten, aber die Qualität seiner Ware ist miserabel. Daraufhin kauft niemand mehr bei diesem Bäcker ein. Die Nachfrage bricht schlagartig ein. Trotz drastischer Preissenkungen bleibt die Kundschaft aus. Nebenan eröffnet schließlich eine neue Bäckerei und wirbt mit den Worten:»Bei uns gibt's garantiert kein Ungeziefer!« Der arme Ungeziefer-Bäcker reduziert seine Preise immer weiter, bis er irgendwann pleitegeht. Das Beispiel zeigt, wie schnell das gehen kann. Zunächst eröffnete die Bäckerei. Ob das Geschäft laufen würde, war bislang unklar. Am Anfang standen viele Fragezeichen. Aus der kleinen Bäckerei wurde rasend schnell eine Cash Cow. Nur eine schlechte Nachricht reichte aus, um die Firma zu ruinieren. Die Bäckerei wurde zum Poor Dog. Schließlich wurde sie vom Wettbewerb überrannt und musste aus dem Markt ausscheiden.

Generell gibt es eine natürliche Kursbewegung. Der ungarische Börsenguru André Kostolany (1906–1999) verglich das mit dem Auf und Ab einer Welle. Dieser Vergleich bildet die Basis der Chartanalyse. Eine weitere Grundlage zur Aktienauswahl liefert die Fundamentalanalyse. Sie wertet Firmendaten aus, wie beispielsweise die Gewinn- und Umsatzentwicklung, die Wettbewerbssituation, getätigte Investitionen und das (geo)politische Umfeld. Während des Ukraine-Konflikts machte beispielsweise Aktienhandel keinen Spaß. Russland-Sanktionen führten zu wirtschaftlichen Engpässen und zur drastischen Abwertung des Rubels. Aktionäre reagierten mit Leerverkäufen. Aktienkurse gingen dadurch in den Keller. Die Stimmung am Markt war eisig. Bei Pessimismus droht Verlust. Unterschätzt niemals das Umfeld, in das ihr investiert. Ihr müsst lernen, nicht klein zu denken, sondern das große Ganze im Blick zu behalten. Der Fernsehsender Bloomberg-TV hilft euch hierbei. Generell mag ich eine internationale Berichterstattung, da man eine differenzierte Wahrnehmung im Hinblick auf das Weltgeschehen erhält. In jedem Land ist die Berichterstattung politisch gefärbt. Da man nicht nur schwarz-weiß sehen möchte, ist ein anderer Blickwinkel sinnvoll. Der positive Nebeneffekt von Bloomberg-TV: Ihr bekommt gute Laune. Schaut euch einmal die ARD-Tagesschau an und schaltet dann auf Bloomberg-TV. Während ich die Tagesschau verfolge, läuft es mir eiskalt den Rücken hinunter. Ich bekomme Angst. Der Sprecher schaut mich ernst an und mein Weltbild ist erst wieder ab dem Wetterbericht optimistisch. Dann schalte ich auf Bloomberg-TV und fühle mich besser. Die Sprecher sind so gut gelaunt, dass sich dadurch auch meine Stimmung verbessert. Moderatorin Trish Regan sieht immer bemerkenswert gut aus. Ich bin jedes Mal von ihren wahnsinnig modischen Outfits beeindruckt. Für alle, die Trish nicht kennen: Es ist Zeit, sie jetzt beiläufig zu googeln!

Zurück zum Aktien-ABC. Der Aktienhandel ist genauso leicht, wie ein Einkauf bei Zalando. Dort sucht ihr euch ein schönes Paar Schuhe aus und klickt auf »Bestellen«. Viel Geld spart ihr allerdings, indem ihr auf den Sommerschlussverkauf wartet. Dann bekommt ihr das gleiche Paar Schuhe zum halben Preis. Seid ihr geduldig, werdet ihr mit einem Sonderpreis belohnt. Aufgrund der Saisonwechsel weiß man, dass die Preise nicht immer hoch sind und Schwankungen unterliegen. Der Trend ist vorhersehbar. Im Aktienbereich ist es genauso. Es ist von Vorteil, einen Trend anhand der Chartanalyse deuten zu können. Ihr solltet immer wissen, in welcher Saison sich Aktien gerade befinden. Die Schnäppchenjagd macht an der Börse genauso viel Spaß wie im Kaufhaus. Einen Aufwärtstrend erkennt man ganz simpel betrachtet anhand der W-Form. Bildet der Kursverlauf jedoch ein M, deutet das in der Regel auf einen Abwärtstrend hin. Unterschätzt niemals die Chartanalyse! Die Börse wird durch Massenpsychologie gelenkt. Verkauft die Masse anhand von Trendsignalen, fällt der Kurs und umgekehrt. Zu oft habe ich mich leider nur auf die Fundamentalanalyse verlassen und mich auf die Bilanzdaten der jeweiligen Firma konzentriert.

Die F24 AG ist nur ein Beispiel, das mich viel Lehrgeld, Nerven und Zeit gekostet hat. Chartsignale ignorierte ich, anstatt sie zu nutzen. Ich verließ mich nur auf die vielversprechenden Bilanzzahlen und das hervorragende Alleinstellungsmerkmal der Firma. Alles deutete auf steigende Kurse. Die Firma machte ordentlichen Umsatz und hatte es geschafft, ihre Schulden in kürzester Zeit zurückzuzahlen. Trotzdem ging es an der Börse mit ihr bergab. Ihr geringes Handelsvolumen machte sie besonders anfällig für Kursschwankungen. Meine Erwartungen wurden enttäuscht. Ich rate euch daher dringend zu beiden Analysemethoden. Um ein Experte der Chart- und der Fundamentalanalyse zu werden, solltet ihr erst einmal in eurem Spieldepot experimentieren und Börsenberichte und Bilanzen lesen. Zunächst behandeln wir im Rahmen dieses Buches nur Werte von großen Firmen mit hohem Marktanteil und mäßigem Wachstum. Diese sogenannten Blue Chips werden bald zum Bestandteil eurer Depots. Das sind Titel für konservative Anleger mit hohem Sicherheitsbedürfnis.

Blue Chips sind eine vernünftige Grundlage zum Vermögensaufbau. Zu nennen sind Firmen wie Daimler, Siemens, SAP und BASF. Ihre Volatilität (Kursschwankungen) und das damit verbundene Risiko ist geringer als bei kleineren Firmen, sogenannten Mid Caps (1 bis 10 Mrd. US-Dollar), Small Caps (250 Mio. bis 1 Mrd. US-Dollar) und Micro Caps (unter 250 Mio. US-Dollar). Die Marktkapitalisierung (Cap) von Blue Chips liegt bei zehn bis 50 Milliarden US-Dollar. Darunter versteht man die Anzahl der ausgegebenen Aktien, die frei im Umlauf sind, multipliziert mit dem Aktienkurs. Kurz: Preis mal Menge ergibt die Marktkapitalisierung. Sie bezeichnet nichts anderes als den Börsenwert. Der Börsenwert entsteht durch Angebot und Nachfrage. Die Theorie besagt, dass sich dieser Wert langfristig an den wahren Unternehmenswert angleicht. Ein gutes Beispiel für die langfristige Annäherung beider Werte sind Blue Chips. Große Unternehmen, wie zum Beispiel Nestlé, haben bereits ein beachtliches Marktwachstum erreicht. Ihr Wachstum verläuft stetig und moderat. Der Börsenkurs zeigt die Entwicklung durch eine geringe Schwankung (Volatilität). Sein langfristiger Trend deutet darauf hin, dass sich Börsenwert und Unternehmenswert bereits angeglichen haben. Abstrakt betrachtet passiert das Gleiche in langjährigen Beziehungen. Man gleicht seine Werte an die seines Partners an und wird sich irgendwie immer ähnlicher. Der Unternehmenswert ist der in Geldeinheiten ausgedrückte Wert eines Unternehmens. Man ermittelt ihn anhand von Bewertungsmodellen, da der aktuelle Börsenwert oftmals nicht aussagekräftig ist. Als langfristig bezeichnet man in der Regel einen Zeitraum zwischen fünf und zehn Jahren.

**Beispielrechnung zur Bestimmung des Börsenwerts:**

Anzahl der emittierten Aktien: 1.100.000 Stück

Anzahl der von der Firma selbst gehaltenen Aktien: 100.000 Stück

Anzahl der Aktien frei im Umlauf: 1.000.000 Stück

Aktueller Börsenkurs je Aktie : 50 EUR

Marktkapitalisierung : 50.000.000 EUR

Faktoren wie Streubesitz und Marktkapitalisierung können Ursachen für Kursbewegungen sein. Wenn nur wenige Aktionäre im Besitz der ausgegebenen Aktien sind, spricht man von einem geringen Streubesitz. Diese Aktien werden dadurch wenig gehandelt. Eine geringe Marktkapitalisierung bedeutet, dass wenige Aktien im freien Umlauf sind und daher auch wenig gehandelt werden. Aufgrund eines geringen Handelsvolumens ist es ein leichtes Spiel für Spekulanten, Kurse in die gewünschte Richtung zu steuern. Bereits der Verkauf einer geringen Stückzahl kann einen Kurseinbruch auslösen. Bei Pennystocks ist das der Fall. Pennystocks sind Aktien, deren Kurs unter einer bestimmten Währungseinheit liegt. Im Euroraum bezeichnet man Pennystocks als Aktien, deren Kurs unter einem Euro notiert. Im US-Raum hingegen versteht man darunter Aktien mit einem Kurs von weniger als fünf US-Dollar. Die geringe Marktkapitalisierung von Pennystocks macht sie besonders schwankungsanfällig. Bereits bei einem Kapitaleinsatz von weniger als 1.000 Euro kann man am jeweiligen Handelstag eine deutliche Kursschwankung hervorrufen. Jedoch rate ich euch vom Handel mit Pennystocks (Minis) ab, da sie unberechenbar sind. Der US-amerikanische Börsenmakler Timothy Sykes (*1981) wurde mit Pennystocks reich. Er verstand den Umgang mit hochvolatilen Werten. Timothy und seine Erfolgsgeschichte sind faszinierend. Mehr zu Timothy Sykes findet ihr auf seiner Website unter: http://www.timothysykes.com/.

Der Papa aller Pennystocks ist übrigens John Templeton aus Tennessee. Er kam 1912 zur Welt und war sehr mutig. 10.000 US-Dollar sparte er zusammen und investierte sie in 100 verschiedene sogenannte »Minis«. Er schwamm gewaltig gegen den Strom und ignorierte alle, die ihn davor warnten. Ein paar Jahre später hatte sich sein Depotwert vervielfacht, obwohl bereits ein Drittel der Firmen pleitegegangen waren. Durch die hohe Streuung hatte er sein Risiko minimiert. Sein kluger Schachzug war, dass er erst nach der Großen Depression einstieg. Ohne eine ausreichende Streuung und streng limitierte Orders ist der Totalverlust vorprogrammiert. Ich rate dringend vom Handel mit Pennystocks ab. Auch ich machte damit eine große Bauchlandung. Mit meinem ersten Trade holte ich mir Pennystocks der Firma Three Power Energy ins Depot. Ich investierte 1.000 Euro in diese Aktien. Der Eröffnungskurs lag bei 10 Cent. Mein Kauf löste sogar eine Kursbewegung aus und ich war begeistert, dass ich ihn scheinbar ganz einfach manipulieren konnte. Nach einer Woche hatte ich meinen Einsatz verdoppelt. Anhand der Chartanalyse sah ich, dass die Aktie täglich zwischen 10 und 20 Cent schwankte. Meine Euphorie war hoch. Die Enttäuschung blieb allerdings nicht aus, nachdem ich einen Totalverlust erlitt, denn dieser Wert wurde plötzlich in Deutschland nicht mehr gehandelt. Einen weiteren Pennystock-Wert holte ich mir 2010 mit Canadian Solar für zwei Euro pro Stück ins Depot. Da ich jedoch knapp bei Kasse war, verkaufte ich die Aktie zu einem Kurs von drei Euro. Zwölf Monate später hatte sich der Wert versechzehnfacht. Ja, ihr lest richtig. Und ja, ich bin noch heute sehr traurig, dass ich damals kein finanzielles Notfallpolster hatte. Hoffentlich versteht ihr an dieser Stelle, wieso eine eiserne Reserve von mindestens 5.000 Euro so wichtig ist. Ihr solltet immer genügend Geld auf dem Konto haben, um laufende und unerwartete Kosten zu decken. Das Aktiendepot sollte davon unberührt bleiben.

Ich machte damals einen großen Fehler. Ohne eine vorhandene finanzielle Sicherheitsreserve investierte ich voreilig in Aktien bis zu dem Zeitpunkt, als unerwartete Rechnungen in meinen Briefkasten eingingen. Ich musste mein Depot aus Geldnot auflösen. Mein schönes Depot gehörte der Vergangenheit an. Schauen wir mal nach, wie sich der Aktienkurs seit 2011 entwickelt hat. Haltet euch fest. Ich suche noch schnell ein Taschentuch, um meine Tränen zu trocknen. Eine wichtige Regel lautet zwar, dass man niemals seinen entgangenen Gewinnen hinterhertrauern soll, aber ich möchte euch zeigen, was ein mittelfristiger Zeitraum von vier Jahren mit eurem eingesetzten Kapital bei ausreichender Streuung machen kann. Eine noch wichtigere Regel besagt, dass ihr niemals beginnen dürft, euer Geld zu investieren, bevor ihr nicht für den Notfall ausreichend vorgesorgt habt. Schafft euch bitte erst ein ordentliches Finanzpolster.

Insgesamt habe ich im Jahr 2011 einen Betrag in Höhe von 12.000 Euro investiert. Ich holte mir sechs verschiedene Werte aus verschiedenen Branchen ins Depot. Damit war das Portfolio nicht einseitig. Es lag eine relative Streuung bei moderatem

Risiko vor. Plötzlich geriet ich in Geldnot und musste mein Depot auflösen.

Mein vorzeitig realisierter Gewinn vor Steuern und Gebühren betrug 2.395 Euro. Andernfalls hätte sich mein eingesetztes Kapital seit 2011 in nur vier Jahren mehr als verdoppelt. Zum Stichtag Februar 2015 würde das Ergebnis vor Steuern und Gebühren 15.585 Euro betragen. Die Dividendenzahlungen habe ich bei diesem Beispiel noch nicht einmal berücksichtigt! Ich treffe zur Vereinfachung eine Annahme fiktiver Dividendenzahlungen.

Annahme inklusive der Dividendenzahlungen:
16.000 Euro

Jetzt ermitteln wir, wie sehr mein Kapital für mich gearbeitet hat. Das nennt man auch die Kapitalrendite (ROI = Return on Investment). Erst dann wird euch klar, was man darunter versteht, Geld für sich arbeiten zu lassen. Wichtig ist, dass es in Ruhe arbeiten darf. Wenn ihr es dauernd unterbrecht und ausgeben möchtet, dann ist das Ergebnis nicht zufriedenstellend.

ROI = Gewinn : eingesetztes Gesamtkapital

ROI durch vorzeitigen Verkauf im Jahr 2011 =
2.395 Euro : 12.000 Euro = ca. 20 Prozent

Hätte ich nicht vorzeitig verkauft, würde das Ergebnis wie folgt aussehen:

ROI bei Verkauf in 02/2015 = 15.585 Euro :
12.000 Euro = 130 Prozent

Im Folgenden liste ich euch meinen damaligen Depotbestand auf. Ich empfehle euch, eure Depotwerte immer im Blick zu behalten und niemals aus Angst oder Geldnot vorzeitig zu verkaufen. Ihr müsst lernen, auf euer Bauchgefühl zu hören. Allerdings lässt man sich anfangs gerne von seinen Bekannten aus der Ruhe bringen und in Panik versetzen. Fehler gehören zum Leben und Investieren dazu. Sie sind wichtig, um daraus zu lernen. Durch Lerneffekte mindert man das langfristige Risiko und steigert die Renditechancen.

### Cisco Systems

Einsatz: 2.000 Euro

Gekauft bei 10 Euro

Stückzahl: 200

Verkauft 2011 bei 12 Euro

Gewinn: 12 Euro x 200 Stück = 2.400 Euro – 2.000 Euro

Gewinn vor Steuern und Gebühren: 400 Euro

Kurs 02/2015: 23,5 Euro

Entgangener Gewinn vor Steuern und Gebühren
durch vorzeitigen Verkauf: 2.300 Euro

Das errechnet ihr wie folgt:

23,5 Euro x 200 Stück = 4.700 Euro

4.700 Euro – Kapitaleinsatz 2.000 Euro = 2.700 Euro

2.700 Euro – realisierter Gewinn 400 Euro = 2.300 Euro

## Yahoo

Einsatz: 2.000 Euro

Gekauft bei 12 Euro

Stückzahl: 181

Verkauft 2011 bei 13 Euro

Gewinn vor Steuern und Gebühren: 2.353 Euro –
2.000 Euro = 353 Euro

Kurs 02/2015: 39 Euro

Entgangener Gewinn durch vorzeitigen Verkauf:
7.059 Euro – 2.000 Euro - 353 Euro = 4.706 Euro

## Nestlé

Einsatz: 2.000 Euro

Gekauft bei 40 Euro

Stückzahl: 50

Verkauft 2011 bei 45 Euro

Gewinn vor Steuern und Gebühren: 2.250 Euro -
2.000 Euro = 250 Euro

Kurs 02/2015: 68 Euro

Entgangener Gewinn durch vorzeitigen Verkauf:
3.400 Euro – 2.000 Euro – 250 Euro = 1.150 Euro

## Dollarama

Einsatz: 2.000 Euro

Gekauft bei 10 Euro

Stückzahl: 200

Verkauft 2011 bei 16 Euro

Gewinn vor Steuern und Gebühren: 3.200 Euro –
2.000 Euro = 1.200 Euro

Kurs 02/2015: 41 Euro

Entgangener Gewinn durch vorzeitigen Verkauf:

8.200 Euro – 2.000 Euro – 1.200 Euro = 5.000 Euro

## Nisshin Steel

Einsatz: 2.000 Euro

Gekauft bei 4,50 Euro

Stückzahl: 444

Verkauft 2011 bei 5,50 Euro

Gewinn vor Steuern und Gebühren: 2.442 Euro –
2.000 Euro = 442 Euro

Kurs 02/2015: 9 Euro

Entgangener Gewinn durch vorzeitigen Verkauf:
3.996 Euro - 2.000 Euro – 442 Euro =1.554 Euro

**Thyssen Krupp**

Einsatz: 2.000 Euro

Gekauft bei 16 Euro

Stückzahl: 125

Verkauft 2011 bei 14 Euro

Verlust:1.750 Euro – 2.000 Euro = - 250 Euro

Kurs 02/2015: 23 Euro

Entgangener Gewinn durch vorzeitigen Verkauf:
2.875 Euro – 2.000 Euro = 875 Euro

Zunächst versuche ich Aktiengesellschaften in Gruppen einzu-
teilen. Ihr solltet immer versuchen, die Firma entsprechend ihrer Größe und ihrem Umfeld einzuordnen. Bitte bedenkt dabei,
dass es in der Wirtschaft nie so etwas wie Stillstand gibt. Der
Markt ist immer in Bewegung. Genau deswegen ist es so spannend, als Investor mitzuspielen. Nokia ist ein gutes Beispiel für
ein dynamisches Wettbewerbsumfeld. Die Firma war jahrelang
an der Spitze und wurde plötzlich von seiner Konkurrenz platt
gemacht. Der Investor, der Nokia zu lange im Depot behielt, erlitt einen großen Verlust. Aus einem Top-Wert wurde eine Firma, deren Zukunft in den Händen von Microsoft liegt. Bereits
im Kapitel »Ein neuer Plan muss her«, habe ich euch das Modell
der Boston Consulting Group gezeigt. Ordnet immer eure Favo-
riten in Kategorien ein und überlegt täglich, wo sich der Wettbewerb befindet. Die Konkurrenz schläft nicht.

# BCG-Matrix

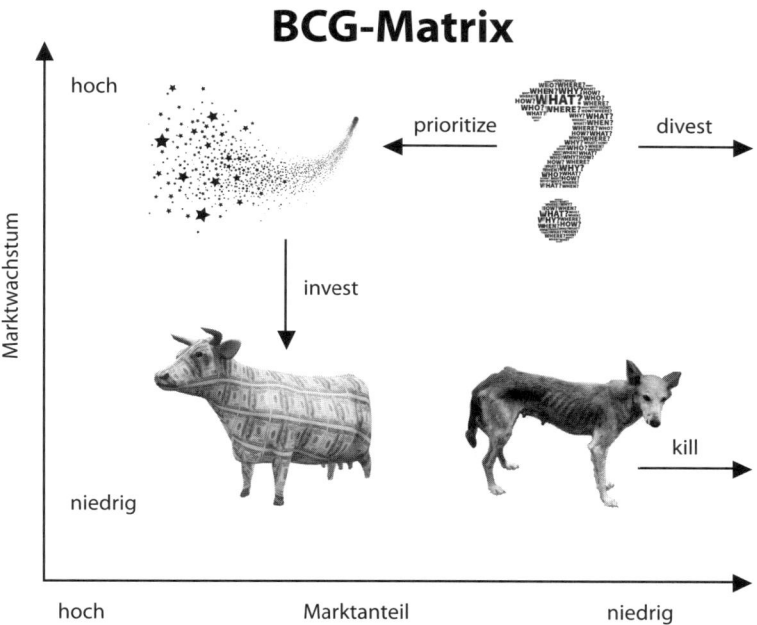

**Abbildung 3:** Boston Consulting Group Portfolioanalyse
Quelle: http://www.advice-for-good.com/blog/wp-content/uploads/2011/04/BCG_Matrix.png

## Die Cash-Cow-Kategorie

Der Boston Consulting Group gelang es dank dieser aussagekräftigen und leicht verständlichen Grafik, vier Kategorien hervorzuheben. Die Cash Cow mit hohem Marktanteil und stetigem Marktwachstum nehmen wir zuerst in Augenschein. Blue Chips sind die Cash Cows dieser Welt. Jeder von euch kennt sie. Denn sie gehören zu den Siegern. Als Blue Chips bezeichnet man umsatzstarke Aktien großer Unternehmen. Sie verfügen über eine hohe Marktkapitalisierung und ein großes Handelsvolumen. Kursschwankungen sind in der Regel gering.

Blue Chips sind in führenden Indizes abgebildet. Zu ihnen gehören deutsche Firmen, wie SAP, Daimler, Volkswagen, Allianz, BASF und RWE. Im europäischen Ausland sind es Werte wie Nestlé, BP, Danone, GlaxoSmithKline, L'Oréal, Total und Royal Dutch Shell. In den USA gehören Coca-Cola, IBM, Kraft Foods und McDonald's zu den Blue Chips. Überlegt, welche Firma ihr in diese Kategorie einordnen könnt! Wie, euch fällt keine ein? Hier findet ihr einige Beispiele:

http://bit.ly/1ETZeaG

## Die Stars-Kategorie

Während Firmen wie Coca-Cola, McDonald's und Danone stetig, aber langsam wachsen, machen andere Firmen mit einem überproportionalen Wachstumstrend auf sich aufmerksam. Ihr Marktumfeld ist aufgrund ihrer starken Positionierung genial. Hierunter fallen Monopolisten wie Energiekonzerne. Zudem gibt es aber auch große Technik-Werte, wie Google oder Apple, die uns jedes Jahr mit neuen Produkten überraschen. Kennzeichnend für sie sind ihr Investitionshunger und ihre Innovationslust. Ich bin jetzt schon gespannt auf die Google-Überraschungen der Zukunft. Google baut dann nicht nur Autos, sondern vieles mehr. Bitte überlegt euch eine Firma, die ihr in diese Kategorie einordnet.

## Die Poor-Dogs-Kategorie

Sie werfen weder Dividenden ab, noch lassen sich die Unternehmen dieser Kategorie in die Karten schauen. Pennystocks zählen zu den riskantesten Aktien. Timothy Sykes wurde damit reich und Fondslegende John Templeton machte erste Erfahrungen mit Pennystocks. So aufregend sie auch sind, so beängstigend sind sie zugleich. Sie schwanken so stark, dass man schnell graue Haare bekommt, sobald sich der Trend plötzlich umkehrt und sie den Bach runtergehen. Es kann passieren, dass sie vom Börsenparkett aufgrund ihres geringen Handelsvolumens verschwinden. Ihr könnt sie dann nicht mehr handeln und sie bleiben ewig in eurem Depot. Das bedeutet einen Totalverlust und ist beim Handel mit diesen sogenannten »Minis« nicht selten. Billigaktien, also Aktien, die unter einem Euro notieren, profitieren von Gerüchten. Dahinter verbirgt sich meistens nichts anderes als unseriöse Berichterstattung zur gezielten Kursmanipulation. Schnell lösen sich die Gerüchte in Luft auf und die Kurse fallen ins Bodenlose. Pennystocks, die regelmäßig im Internet für Schlagzeilen sorgen, sind Liquid Metal, Castle Brands, Telecom Italia, Pharol und Plug Power.

Ich sage: Finger weg von diesen gefährlichen »Minis«! Für Börsenanfänger sind sie absolut ungeeignet. Wer es trotzdem nicht lassen kann, sollte nur sehr geringe Beträge bei hoher Streuung einsetzen und die Order streng limitieren. Kennt ihr Aktien, die in diese Kategorie fallen?

## Die Fragezeichen-Kategorie

Während Plug Power vor zwei Jahren noch bei zwölf Cent notierte, stieg der Kurs seitdem um mehrere tausend Prozentpunkte. Die Nachricht über staatliche Subventionen war der Auslöser des beachtlichen Kursanstiegs. Plug Power verließ den Pennystock-Bereich und kletterte über einen Euro. Somit gehört Plug Power nicht mehr in die Kategorie Poor Dogs, sondern ich würde sie aktuell in die Fragezeichen-Kategorie einordnen. Solange sie noch unter fünf Dollar notiert, ist sie unter US-Gesichtspunkten eine Pennystock-Aktie. In Europa betrachten wir sie jedoch bereits als eine besser gestellte Aktie. Wir beschimpfen sie nicht mehr als »Billigaktie«. Die Erwartungen der Investoren über die prosperierende Zukunft von Plug Power wurden mit der Nachricht über staatliche Subventionen übererfüllt. Genau das zeigt ihr Kurs aufgrund von wunderschönen Cashflow-Prognosen. Welche Firma würdet ihr hier einordnen?

## Börsenanekdoten

*»Der Mensch, der den Berg versetzte, war derselbe,*
*der anfing, kleine Steine wegzutragen.«*

Weisheit aus dem alten China

In der männerlastigen Finanzliteratur wird oft von Aktien abgeraten, wenn man hierfür weniger als 10.000 Euro zur Verfügung hat. Blödsinn! Aus eigener Erfahrung weiß ich, dass man mit den richtigen Werten ein Vielfaches aus einem minimalen Einsatz herausholen kann. Seit meinem ersten Trade handele ich nach dem Minimax-Prinzip. Es bedeutet abstrakt betrachtet, dass ich wenig Kapital einsetze, um ein maximales Ergebnis zu erzielen. Das hat schon oft funktioniert und mir sehr großen Spaß gemacht. Erinnert ihr euch noch an den Ferguson-Aufstand in den USA? Der Vorfall drohte sich im ganzen Land auszubreiten. Die USA musste schnell reagieren und in polizeiliche Schutzausrüstungen und Zubehör investieren. Die Angst vor einem Flächenbrand war zu groß. Ich recherchierte mithilfe von Google nach Polizei-Ausrüstungen. Meine Suchbegriffe lauteten:»US government buying + police defense equipment«. Sofort landete ich beim Hersteller Digital Ally. Der Kurs der Aktie notierte bei drei Euro. Ein Schnäppchen! Mit wenig Kapital konnte ich mich mit einer hohen Stückzahl eindecken und holte mir für 2.000 Euro 666 Digital Ally Aktien ins Depot.

Die Stückzahl ergibt sich aus 2.000 Euro geteilt durch den Kurs in Höhe von drei Euro.

2.000 Euro : 3 Euro = 666 Stück

Die Nachrichten um Ferguson liefen rund um die Uhr auf allen Kanälen. Ich war nervös und aufgeregt zugleich. Schließlich musste die Aktie bald in die Höhe schießen. Dieses Gefühl ist unbeschreiblich. Stündlich ging der Kurs nach oben. Zwei Tage später lag der Kurs bei ca. 13 Euro pro Aktie. Nach weiteren vier Tagen stieg der Aktienkurs weiter auf 33 Euro. Bei 30 Euro wurden meine 666 Stück automatisch verkauft, da ich die Order so eingerichtet hatte. Das Ergebnis konnte sich sehen lassen!

$$666 \text{ Stück x } 30 \text{ Euro} = 19.980 \text{ Euro}$$

$$19.980 \text{ Euro} - 2000 \text{ Euro} = 17.980 \text{ Euro innerhalb}$$
von einer Woche.

Mein Zeitaufwand für Google-Recherche und Order:
25 Minuten.

$$ROI = Gewinn : eingesetztes \text{ Gesamtkapital}$$

Meine Kapitalrendite (ROI):

$$17.980 \text{ Euro} : 2000 \text{ Euro} = 900 \text{ Prozent}$$

Natürlich werden hier noch die Ordergebühren und Steuern automatisch abgezogen. Trotzdem! So muss sich jemand fühlen, der bei Günther Jauch um die Million spielt und eine Frage nach der anderen richtig beantwortet. Adrenalin wird ausgeschüttet. Man fühlt sich gut und wird mit jedem weiteren Euro auf dem Konto selbstbewusster. Mein Gehalt in Höhe von 2.400 Euro wirkt im Vergleich zu meinem Gewinn lächerlich. Auch ein Gehalt von 4.000 Euro wirkt hier jämmerlich, wenn man bedenkt, dass man sich dafür jeden Arbeitstag früh morgens aus dem Bett quälen und bis zum nächsten Gehalt die Zähne zusammenbeißen muss. Unsere Zeit ist so kostbar, dass man schnell vergisst, dass unser Job unsere Freiheit raubt und unser Leben beeinträchtigt. Die relativ geringen Gehälter kann man sich entweder schönreden oder damit versuchen, seine Freiheit zurückzuholen. Der Weg dahin ist etwas mühselig. Ich vergleiche die

Ansparphase oft mit einer überfüllten Fußgängerzone. Wenn man es besonders eilig hat, wird man hier von einer langsamen Menschenmenge ausgebremst. Die eigene Ungeduld und die innere Wut wachsen. Genauso wird es euch gehen, wenn ihr das 10.000-Euro-Ziel vor Augen habt. Man möchte es sofort erreichen. Jedoch ist es wichtig, immer in kleinen Schritten zu denken. Am besten, ihr versucht euch an Kleinigkeiten zu erfreuen. Denkt in 500-Euro-Schritten! Jeder weitere 500-Euro-Betrag, der auf dem Konto eingeht, sollte wie ein kleiner Sieg gesehen werden. Denn: Wer sich über Kleinigkeiten freuen kann, ist bereit für Großes!

Nachrichten spielen eine wichtige Rolle beim Aktienhandel. Ich lese jeden Vormittag die Google-Nachrichten. Vor allem interessiert mich das, was ganz oben eingeblendet wird. Man erkennt dabei schnell, mit welchen Aktien man sich als nächstes eindecken kann. Viele Werte sind aus verschiedenen Gründen moralisch nicht einwandfrei. Darunter fallen Alkohol-, Zigaretten-, Textilindustrie- und Pharma-Werte. Wer damit grundsätzlich ein Problem hat, sollte nicht weiterlesen. Man kann viele Dinge schlecht reden. Mir bleibt im Rahmen dieses Buches jedoch nicht viel Zeit, jeden Wert anhand von ethischen Gesichtspunkten zu hinterfragen. Zurück zu meinen vergangenen großen Aktienerfolgen im Jahr 2014. Ebola wurde im April 2014 in Afrika zu einem akuten Problem. Die Krankheit verbreitete sich großflächig und länderübergreifend. Ebola wurde zum Thema Nummer 1 in den Nachrichten. Erneut gab ich bei Google den Suchbegriff: Ebola + Hazmat Suits ein. Daraufhin fand ich den Hersteller Lakeland. Hazmat Suits sind Schutzanzüge. Die Angst, dass Ebola sich bald auch in Deutschland ausbreiten könnte, sah man an der Nachrichtenflut. Selbst ich hatte schon überlegt, mir einen Schutzanzug zu kaufen. Zunächst wollte ich Lakeland-Aktien ordern, sie waren aber an Deutschlands Börsen noch nicht handelbar. Donnerstag sollte sich alles ändern! Die Börse in Stuttgart machte den Anfang und bot Lakeland zu acht Euro pro Aktie an.

Mein Einsatz: 3.000 Euro.

3.000 Euro : 8 Euro = 375 Stück

Ich machte den ersten Lakeland-Trade Deutschlands. Das konnte ich am Ordervolumen des jeweiligen Handelstages sehen. Freitagvormittag wurde die Sache interessant. Lakeland kletterte auf 15 Euro. Ich bekam Angst, erinnerte mich aber an Digital Ally. Meinen Ausstiegskurs legte ich auf 25 Euro fest. Bereits am folgenden Dienstag durchbrach Lakeland die 25 Euro Linie und kletterte weiter auf 30 Euro. Automatisch wurden meine 375 Aktien bei 25 Euro verkauft.

Mein Ergebnis nach 4 Tagen konnte sich sehen lassen!

375 Stück x 25 Euro = 9.375 Euro

9.375 Euro – 3000 Euro = 6.375 Euro innerhalb von 4 Tagen.

Mein Zeitaufwand für Google-Recherche und Order: 25 Minuten.

ROI = Gewinn : eingesetztes Gesamtkapital

Meine Kapitalrendite (ROI): 212 Prozent

## Wir basteln uns ein Muster-Depot

Willkommen in meiner Welt! Der Weg zum Trading-Master ist geebnet. Beginnen wir mit unserem ersten Trade. Zunächst nehmen wir Spielgeld im Muster-Depot eurer Direktbank. Spielerisch lernt ihr, dass es ganz einfach ist, mit Aktien zu handeln. In euer Muster-Depot legt ihr euch einzelne Werte zurecht. Das ergibt eure Watchlist. Hier beobachtet ihr täglich die Entwicklung eures Spieldepots. Nehmt nie mehr als fünf Aktien auf eine Liste. Sonst verliert ihr den Überblick.

Watchlist 1 bekommt die Bezeichnung »Aktien« und Watchlist 2 »Fonds«. Nun seht ihr jeden Tag nach, wie sich euer Spieldepot entwickelt. Nur so bekommt ihr ein Gefühl für die Börse.

Unterschätzt niemals, dass es etwas dauert, bis man bereit für einen richtigen Trade ist. Ich empfehle, sich mindestens sechs bis zwölf Monate intensiv mit dem Muster-Depot zu beschäftigen. Bereits während ihr euer Notfallpolster noch anspart, bereitet ihr euch auf Trade Nummer 1 vor. Die Wirtschaftsnachrichten auf Bloomberg-TV gehören ab jetzt neben »Germany's next Topmodel« zu eurem absoluten Lieblingsprogramm. Die englische Sprache schreckt bei Bloomberg manche ab, aber man kann hier nebenbei Englisch lernen oder es auffrischen. Eine Win-win-Situation sozusagen!

### Aufgabe 1: Euer erster Spiel-Trade

Im Folgenden findet ihr einige Aktiengesellschaften, die im Deutschen Aktienindex (DAX) vertreten sind. Hinter jedem Wert findet ihr die Wertpapierkennnummer, kurz WKN.

– Sucht euch einen Wert aus und kauft davon 10 Stück.

Adidas DE000A1EWWW0

Allianz DE0008404005

BASF DE000BASF111

Bayer DE000BAY0017

– Für welchen Wert habt ihr euch entschieden?

– Wieso habt ihr euch für diesen Wert entschieden?

– Bestimmt nun einen Stop-Loss-Wert: Bei welchem prozentualen Kursverlust soll eure Aktie automatisch verkauft werden?

– Bitte denkt immer daran, Verluste zu begrenzen, indem ihr einen rechtzeitigen Ausstieg mithilfe einer Stop-Loss-Order festlegt. Die Trailing-Order erlaubt euch, bei Kurszuwachs den prozentual festgelegten Stop-Loss-Kurs automatisch nach oben an die gestiegenen Kurse anzupassen!

– Überlegt euch, bei welchem Kurs ihr verkaufen möchtet.

– Gab es Schwierigkeiten bei der Eingabe der Spiel-Order?

– Beobachtet die tägliche Entwicklung des Aktienkurses!

– Über welche Medien informiert ihr euch regelmäßig über die Firmenereignisse?

– Tragt hier eine deutsche Börsen-Website ein, die ihr sehr informativ findet:

– Tragt hier eine englische Börsen-Website ein, die ihr sehr informativ findet:_____

– An dieser Stelle legt ihr eine kleine Pause ein und beobachtet die Entwicklung eures Depots. Bearbeitet nach einer Woche die folgenden Aufgaben:

– Bitte macht euch jeden Freitag Notizen über eure Gedanken bezüglich eures Depots und des aktuellen Marktumfeldes.

– Seid ihr euch unsicher über die zukünftige Wertentwicklung eures Portfolios?

– Bereut ihr die Auswahl eures Depot-Werts?

– Hättet ihr lieber einen anderen Wert im Spiel-Depot?

– Seid ihr überrascht über den Chartverlauf? Liegt er über oder unter euren Erwartungen?

– Welche Fragen beschäftigen euch im Zusammenhang mit diesem Wert?

– Findet ihr den Kursverlauf gut, oder liegt er unter euren Erwartungen?

– Euer Kapitaleinsatz beläuft sich auf 2.500 Euro. Ihr investiert das Geld in Aktien und erhaltet eine jährliche Dividende von 100 Euro. Ihr möchtet wissen, wie hart euer Geld für euch arbeitet. Wie hoch ist der sogenannte Cash-On-Cash Return on Investment, ROI? ROI = Gewinn : eingesetztes Gesamtkapital

## Mein erster Spiel-Trade

Ich begann mit der Xing-Aktie. Sie war die Nummer 1 in meinem
Spieldepot. 2007 ging die Firma an die Börse. Vielleicht kennt
ihr sie noch unter dem Namen »Open BC«. Ich arbeitete damals
in einer Marketingabteilung und ärgerte mich darüber, dass ich
jeden Monat fünf Euro an Xing zahlen musste, um alle Funktio-
nen nutzen zu dürfen. Ich war mir sicher, dass die Firma irgendwann einmal zu den Top-Netzwerk-Anbietern gehören wird. Das
Wachstumspotenzial von Xing war enorm. Die Firma generierte
regelmäßige Einnahmen und verbuchte ständig steigende Nut-
zerzahlen. Der Jahresumsatz von Xing belief sich damals auf ca.
2,7 Millionen Euro. Ich holte mir die Xing-Aktie für 25 Euro pro
Stück ins Depot. Mein Bauchgefühl sagte mir, dass der Zukunfts-
trend der Aktie positiv verlaufen würde.

Es gab zahlreiche Gründe für meine Entscheidung:

Die Firma bietet ein umfangreiches Netzwerk an Wirtschafts-
kontakten. Das ist nicht nur ideal für Headhunter, sondern auch
für Jobsuchende, Angestellte, Unternehmer und Studenten. Wer
genaue Kontaktinformationen benötigt, muss einen monatlichen Beitrag zahlen. Aufgrund der hohen Nutzerfrequenz im
Geschäftskundenbereich verzeichnet die Firma stetig wachsende monatliche Werbeeinnahmen und Nutzergebühren. Durch
das Online-Geschäft fallen die Ausgaben der Xing AG verhältnis-
mäßig gering aus. Teure Shops und andere kostenintensive Ver-
triebskanäle gibt es nicht. Die kontinuierlich steigenden Cashflows deuteten auf ein hohes Wachstumspotenzial. Xing schrieb
2007 zudem schwarze Zahlen. Eine schuldenfreie Bilanz bedeu-
tete ein geringes Ausfallrisiko. Es gab mir ein gutes Gefühl, in einen soliden Wert zu investieren. Viele Jahre sind seitdem vergangen und ich muss gestehen, dass ich mich anfangs mit dem
Xing-Kursverlauf gelangweilt habe. Aber was ist schon ein Börsenjahr?

Die Finanzlegende André Kostolany empfiehlt direkt nach dem
Aktienkauf Schlaftabletten zu nehmen und dann einfach ein paar
Jahre durchzuschlafen. Ich finde das zwar etwas gewagt, aber bei
soliden Wachstumswerten erscheint das durchaus sinnvoll. Immerhin verfügen wir in der heutigen Zeit über Orderautoma-
tismen, die Verluste begrenzen. Wollt ihr wissen, was aus meiner 25-Euro-Aktie von 2007 geworden ist? Xing notiert aktuell,
im November 2015, bei 170 Euro. Meine Hoffnung von damals
wurde also nicht enttäuscht. Und das, obwohl ich in meiner Unsicherheit als Anfänger von mir behauptete, keine Ahnung vom
Börsengeschehen zu haben. Trotzdem lief alles nach Plan! Meine
Erwartungen wurden sogar mehr als erfüllt. Obwohl mein erster Trade im Spieldepot stattfand, gehörte er zu einer wichtigen
Erfahrung. Damals war ich sehr unsicher und unerfahren. Ich
fühlte mich nicht gut genug für die Börse. Außerdem dachte ich,
dass solche Finanzdinge nur Männer verstehen. Mein Selbstvertrauen war nicht vorhanden. Aber mein Wille war da, den Grund
hierfür kannte ich allerdings nicht. Über mögliche Gründe
machte ich mir gar keine Gedanken. Vielleicht war es alles reine
Neugier am Börsenhandel. Regelmäßig informierte ich mich im
Internet über das Wirtschafts- und Finanzgeschehen. Dadurch
wurde ich mit jedem Tag selbstbewusster und sicherer. Besonders spannend fand ich die englischen Internetartikel. Sie waren
irgendwie verständlicher als die deutschen Meldungen. Meine
Lernkurve verlief steil seit meinem ersten Spieldepot-Tag. Viele meiner Aktien wurden zu wahren Depot-Diamanten. Meine
Leidenschaft für die Börse war erwacht. Plötzlich hatte ich ein
neues Hobby. Ich lernte durch mein Verhalten beim Börsenhandel viel über mich selbst. Unter anderem weiß ich heute, dass
ich mit meiner Intuition fast immer richtig lag. Meine Auswahl-
kriterien für Aktien waren zwar für einen Börsenanfänger recht
simpel, aber es zeigte mir, dass Investieren kein Hexenwerk ist.
Man muss kein Profi sein, um eine gute Entscheidung zu treffen. Wenn ihr grundlegende Marktentwicklungen analysiert,
Zusammenhänge erkennt und euch ein gutes Verständnis wich-

tiger Bilanzposten aneignet, werdet ihr schnell ein vernünftiges Depot zusammenstellen.

Regel Nummer eins lautet in diesem Kontext: Erfolg kommt durch Leidenschaft. Das gilt für fast alles im Leben, wie für Beziehungen und auch fürs Investieren. Das schöne Wort »Karriere« habe ich an dieser Stelle bewusst weggelassen, da viele Frauen im Job an eine gläserne Decke stoßen. Da nützt Leidenschaft und Engagement leider nicht viel. Ein Investment jedoch erfordert viel Zeit, Geduld und die notwendige Hingabe. Viele Menschen, die ich kenne, fragen mich regelmäßig nach heißen Börsentipps. Es fällt mir sehr schwer, eine richtige Antwort zu geben. Investieren bedeutet zunächst, durch die eigenen Erfahrungen zu wachsen und aus Fehlern zu lernen. Fehler gehören beim Investieren dazu, um langfristig eine eigene angemessene Strategie zu entwickeln. Fehler sind eine wertvolle Erfahrung, auch wenn sie in Deutschland nur mit sehr negativem Beigeschmack wahrgenommen werden. Ohne Fehler weiß man doch gar nicht, wie und wo man sich verbessern kann. Der Weg ans Ziel führt über eine Strategie, die ihr mithilfe des Spieldepots entwickelt. Ihr testet hier verschiedene Varianten und Möglichkeiten. Viel läuft noch im Unterbewusstsein ab und erscheint unklar. Damit sich das bald ändert, werde ich euch mit wichtigen Fragen konfrontieren. Erst wenn ihr wirklich wisst, was ihr euch vom Investieren erhofft, ist ein Einstieg sinnvoll. Andernfalls lasst ihr besser die Finger davon.

Euer Erfahrungsschatz wächst, seitdem ihr mit Aufgabe 1 euer Musterdepot bearbeitet. Mit jedem neuen Tag erlangt ihr neue Erkenntnisse und entwickelt Ideen zu eurer Börsenstrategie. Strategien sind keine Einbahnstraßen. Man probiert und passt sie an, um einfacher an sein Ziel zu gelangen. Indem ich euch mit Fragen konfrontiere, lernt ihr zu verstehen, was Investieren bedeutet. Ihr lernt auch, dass es viele Möglichkeiten gibt, um sich ein kleines Vermögen aufzubauen. Indem ihr euch jetzt schon die Mühe macht, das Musterdepot zu bestücken, und indem ihr die Aufgaben in diesem Buch bearbeitet, beweist ihr, dass ihr die notwendige Zeit aufbringt. Ob es sich um wahre Leidenschaft handelt, erkennt ihr erst am Ende dieses Buches. Die einzelnen Fragestellungen helfen dabei, euch selbst zu reflektieren. Ich möchte von euch wissen, was ihr wirklich wollt. Welche Erwartungen habt ihr an euer Leben? Wieso lest ihr dieses Buch? Welches Ziel verfolgt ihr? Die wenigsten Menschen kennen ihre Ziele, weil es Zeit kostet, sich damit auseinanderzusetzen. Zudem weiß niemand so genau, wie diese Ziele erreicht werden können. Man unterschätzt sich in der Regel selbst. Wir Frauen sind Meister darin! Und kaum jemand hat Zeit für komplizierte Fragestellungen. In Wirklichkeit sind andere Dinge wichtiger und man schiebt anstrengende Sachen lieber vor sich her. Erst wenn man ein Ziel vor Augen hat, kommt die Leidenschaft fürs Investieren automatisch. Denn nur wer weiß, was er wirklich will, wird alles in Bewegung setzen, es zu realisieren.

Mich treibt übrigens meine extreme Zukunftsangst an. Mein Leben möchte ich so gestalten, wie ich will. Ich möchte entscheiden, wann ich arbeite, wie lange, mit wem und wie oft. Teure Dinge sind mir nicht wichtig. Ich möchte nur frei sein. Frei von gesellschaftlichen Zwängen. Die Büroprostitution soll endlich ein Ende haben! Arschkriechen ist doch schließlich Mist. Vielleicht kann ich mir eines Tages sogar ein Haus am Meer kaufen. Ganz billig ist das natürlich nicht. Also brauche ich ein kleines Vermögen. Außerdem liebe ich Geld. Das habe ich ja bereits am Anfang zum Ausdruck gebracht. Und seid doch mal ehrlich: Jeder von uns will gerne reich sein! Ich gebe es wenigstens zu. Mein Wunsch ist so groß, dass ich ihn mir erfüllen möchte. Ohne meinen Freiheitsdrang würde ich allerdings nicht die notwendige Leidenschaft für die Finanzwelt mitbringen. Ich würde meine Zeit wahrscheinlich mit anderen Dingen füllen und mir nicht so viele Gedanken über meine Zukunft machen. Aber ich bin mir sicher, dass ich auf dem richtigen Weg bin. Und ihr seid es auch! Da ich es noch deutlicher machen möchte, was wahre Leidenschaft bedeutet, erzähle ich euch die Geschichte von meinem Weg zur Fitnesstrainerin. Ich liebe Sport und musste mich andauernd dafür vor Leuten rechtfertigen. Permanent wurde ich gefragt, ob ich immer noch so viel Sport machte. Das war nervig! Also beschloss ich, mein Hobby zum Beruf zu machen. Über ein Jahr besuchte ich verschiedene Seminare und machte eine Ausbildung zur Fitnesstrainerin. Schon bald begann ich in verschiedenen Studios zu arbeiten. Einmal sollte ich sogar Toiletten putzen und war entsetzt, dass ich als Putzfrau missbraucht wurde. Und dann diese Schichtdienste! Neben meinem Vollzeitjob sollte ich von 17 bis 22 Uhr zweimal pro Woche im Studio arbeiten. Für meine eigenen Trainingseinheiten blieb dann nur noch wenig Zeit. Schnell verließ mich die Lust auf diesen Job und ich hatte das Gefühl, dass ich die Leidenschaft gar nicht besaß. Meine Ausbildung zur Trainerin war jedoch nicht umsonst. Erst durch diese Erfahrung habe ich einiges gelernt: Unter anderem besitze ich endlich hervorragende Anatomiekenntnisse und weiß, was ein Quadratus lumborum (»quadratischer Lendenmuskel«) ist.

Es ist wichtig, sich mit neuen Dingen zu beschäftigen. Erst durch das Austesten und Probieren findet man heraus, was einem wirklich Spaß bereitet. Ich hätte damals nie gedacht, dass ich die Trainerprüfung bestehen würde. Meine Angst war groß. Aber ich habe sie besiegt und es geschafft. Ich wurde stärker und selbstbewusster. Meine neue Einstellung ist positiv, und ich bin fest davon überzeugt, dass ich alles schaffen kann. Ich muss es nur wollen. Erst durch meinen Versuch, als Trainerin durchzustarten, erkannte ich, worin meine wahre Leidenschaft liegt. Im Investieren. Indem ich als Trainerin arbeitete, fehlte mir die kostbare Zeit fürs Börsengeschehen. Ich musste mich für eine der beiden zeitintensiven Alternativen entscheiden. Eines war sicher. Mit einem zeitintensiven Minijob würde mir die Energie fürs Investieren fehlen. Ein Minijob würde es außerdem nicht schaffen, mir meinen Freiheitswunsch zu erfüllen. Nach dieser

Überlegung beschloss ich, nur noch als Kunde ins Fitnessstudio zu gehen. Bitte bedenkt immer, dass Zeit eine der wertvollsten Komponenten in eurem Leben ist. Gerade beim Investieren braucht ihr sie. Als Anfänger müsst ihr euch mit neuen Themen auseinandersetzen und euch Anlagestrategien aneignen. Zeit ist genauso wichtig wie die notwendige Leidenschaft fürs Investieren. Besitzt ihr beides, erfüllt ihr die Grundvoraussetzungen eines Traders. Andernfalls drohen Verluste. Ich kenne nur zwei Menschen, die diese Leidenschaft mitbringen. Man erkennt sie am Funkeln in ihren Augen, wenn sie über ihre Investments reden. Wenn ich in Menschen dieses Funkeln in den Augen erkenne, macht es mir großen Spaß, mit ihnen über Finanzthemen zu diskutieren. Andernfalls erscheint es genauso schwierig wie der Versuch einer Jungfrau, den Weg zum Kind zu erklären. Sie würde es sicherlich nicht verstehen. Oder doch?

### Aufgabe 2: Euer zweiter Spiel-Trade

- Kauft für 1.000 Euro Aktien von einer Aktiengesellschaft eurer Wahl!

- Für welchen Wert habt ihr euch entschieden?

- Wieso habt ihr euch für diesen Wert entschieden?

- Überlegt euch, bei welchem Kurs ihr verkaufen möchtet.

- Bei welchem prozentualen Kursverlust soll eure Aktie automatisch verkauft werden?

- Die Trailing-Order erlaubt euch übrigens, bei Kurszuwachs den prozentual festgelegten Stop-Loss-Kurs automatisch mitzunehmen.

- Gab es Schwierigkeiten bei der Eingabe der Spiel-Order?

– Beobachtet die tägliche Entwicklung des Aktienkurses!

– Über welche Medien informiert ihr euch regelmäßig über die Firmenereignisse?

– Tragt hier eine deutsche Börsen-Website ein, die ihr sehr informativ findet:_____ (Die Eingabe darf nicht mit der aus Aufgabe 1 übereinstimmen.)

– Tragt hier eine englische Börsen-Website ein, die ihr sehr informativ findet:_____ (Die Eingabe darf nicht mit der aus Aufgabe 1 übereinstimmen.)

– Bitte macht euch jeden Freitag Notizen über eure Gedanken zum Börsengeschehen und dem Marktumfeld!

– Seid ihr euch unsicher über die weitere Entwicklung eurer Depotzusammensetzung?

– Hättet ihr lieber einen anderen Wert ins Portfolio geholt? Falls ja, welchen?

– Seid ihr überrascht über den Chartverlauf?

– Findet ihr den Kursverlauf gut, oder liegt er unter euren Erwartungen?

– Welche Fragen beschäftigen euch im Zusammenhang mit diesem Wert?

### Vorsicht: Steuerfallen

Mit internationalen Aktien im Depot wird die Bürokratie schnell zur Spaßbremse. Sobald man sich mit internationalen Aktien eindeckt, wird es etwas bürokratisch. Es gibt zwar Doppelbesteuerungsabkommen, aber Kapitalerträge werden in der Regel doppelt belastet. Direkt am Zahltag der Dividende wird dem Aktionär eine Quellensteuer abgezogen.

### Beispiel: Wir nehmen an, die ausländische Quellensteuer beträgt 15 Prozent

Beträgt sie bis 15 Prozent, ist alles gut. Angenommen die Dividende beträgt 1.000 Euro, könnt ihr 150 Euro als Quellensteuer anrechnen. Die hierzulande gültige Abgeltungssteuer beträgt 25 Prozent. Damit diese Quote plus Soli plus ggf. Kirchensteuer erreicht wird, schlägt der deutsche Staat den Differenzbetrag von 100 Euro obendrauf, und es kommt zum Steuerabzug in Höhe von 250 Euro. Das Ergebnis: Die Dividendenzahlung wird unterm Strich wie die eines deutschen Unternehmens steuerlich abgegolten. Sobald die Quellensteuer des ausländischen Emittenten über 15 Prozent liegt, rate ich euch zu einem guten Steuerberater. Es droht euch andernfalls ein Papierkrieg inklusive Nervenzusammenbruch.

### Beispiel: Wir nehmen an, die ausländische Quellensteuer beträgt 25 Prozent

In dem 1.000 Euro Dividendenbeispiel fallen nun 25 Prozent Quellensteuer an. 250 Euro sind dann schon einmal weg. Die ausländische Quellensteuer beträgt zwar 25 Prozent, sie ist aber in diesem Fall nur bis 15 Prozent anrechenbar. Der Abgeltungssteuersatz liegt allerdings bei 25 Prozent. Es fallen also weitere 100 Euro an Steuern an (plus Soli und ggf. Kirchensteuer). Die Gesamtbelastung liegt dann bei 350 Euro.

Eine Rückholung der zu viel gezahlten Beträge erfordert richtig viel Arbeit. Man muss einen Erstattungsantrag bei der Steuerbehörde des jeweiligen Landes stellen. Die Anträge findet ihr auf der Website des Bundeszentralamts für Steuern unter der Rubrik »Ausländische Quellensteuer« unter: www.bzst.bund.de

## Vorsicht bei französischen Aktien

Seit 2012 beträgt die nationale Quellensteuer Frankreichs 30 Prozent. Solltet ihr an Aktien wie Danone oder Alstom interessiert sein, solltet ihr zunächst Kosten und Nutzen gegenrechnen. Bei spanischen Aktien kann man sich übrigens bis zu einem bestimmten Betrag befreien lassen. Wenn Dividenden eure Aktienstrategie ausmachen, empfehle ich zunächst deutsche Titel ins Depot zu holen. Von Dividendentiteln mit einem Quellensteuersatz von über 15 Prozent solltet ihr absehen.

## Das 10.000-Euro-Ziel

Es ist Zeit für ein höheres Ziel! Bitte beachtet, dass euer Notfallpolster hier nicht berücksichtigt ist. Die 5.000 Euro auf eurem Tagesgeldkonto sind euer Notgroschen. Zum Investieren braucht ihr etwas Startkapital. 10.000 Euro bilden eine gute Grundlage. Legt euch jeden Monat etwas Geld zurück. In der Ansparphase versucht ihr, den monatlichen Sparbetrag unter optimalen Renditegesichtspunkten anzulegen. Ich verspreche, euch nicht mit komplizierten mathematischen Formeln zu langweilen. An einem Beispiel seht ihr, dass sich aufgrund des Zinseszinseffekts euer angelegtes Geld exponentiell vermehrt. Da jeder von euch einen anderen Betrag monatlich zur Seite legen möchte, habe ich die folgende Übersicht erstellt. Jeder noch so kleine Betrag wird langfristig zu einer schönen Summe wachsen.

**Tabelle 2: Berechnungsbeispiele zum Zinseszinseffekt**

| Monatlicher Sparbetrag in Euro | Nach 30 Jahren wurden eingezahlt in Euro | Betrag verzinst mit 2 % p. a. in Euro | Betrag verzinst mit 7 % p. a. in Euro |
|---|---|---|---|
| 30 | 10 800 | 14 763 | 35 295 |
| 50 | 18 800 | 24 605 | 58 825 |
| 70 | 25 200 | 34 446 | 82 356 |
| 100 | 36 000 | 49 209 | 117 651 |
| 200 | 72 000 | 98 418 | 235 302 |
| 300 | 108 000 | 147 627 | 352 953 |
| 500 | 180 000 | 246 045 | 588 255 |

Die Zeitkomponente sollte beim Sparen nie unterschätzt werden! Schon ab einem monatlichen Betrag von 100 Euro erhält man (bei durchschnittlich 5 Prozent Rendite p. a.) ab dem 67. Lebensjahr ca. 219.000 Euro. Vorausgesetzt, man beginnt ab dem 20. Lebensjahr. Beginnt man 10 Jahre später, sind es ca. 125.000 Euro bis zum 67. Geburtstag.

Interessant wird Sparen erst mit einem langfristigen Anlagehorizont. Der Zinseszinseffekt bringt sogar kleine Beträge ab 100 Euro über Jahre groß raus. Im Folgenden seht ihr, wie sich euer Geld bei einer langfristigen Rendite von 7 Prozent vermehrt.

**Tabelle 3: Beispiele zum Zinseszinseffekt (Zinssatz 7 Prozent)**

| Monatlicher Sparbetrag in Euro verzinst mit 7 % | Nach 10 Jahren in Euro | Nach 20 Jahren in Euro | Nach 30 Jahren in Euro |
|---|---|---|---|
| 100 | 17 208 | 51 060 | 117 651 |
| 200 | 34 417 | 102 120 | 235 302 |
| 300 | 51 625 | 153 180 | 352 953 |
| 500 | 86 042 | 255 299 | 588 255 |

Hab ich euch überzeugt, dass Sparen ein Kinderspiel ist? 100 Euro könnt ihr monatlich ganz leicht beiseitelegen. Ermittelt zunächst die Zielsumme, die euch wirtschaftlich frei machen wird. Danach schaut ihr in der Tabelle nach, wie hoch euer monatlicher Sparbetrag ausfallen muss. Die Renditemöglichkeiten werden später im Detail aufgezeigt.

### Aufgabe 3: Welcher Betrag macht euch wirtschaftlich und finanziell frei?

Ermittelt im Folgenden eure Jahresausgaben und multipliziert sie mit 25.

Eure monatlichen Ausgaben in Euro x 12 =
Eure Jahresausgaben in Euro x 25 =

Entspricht diese Summe eurer Vorstellung? Bitte beachtet, dass es sich lediglich um eine Faustregel handelt.

Den meisten von euch wird der Betrag zu klein erscheinen. Geld macht uns schließlich alle irgendwie gierig. Das Problem beim angesparten Betrag ist, dass er mit der Zeit kleiner wird, indem man das Geld ausgibt. Es ist schwierig, nur von den Ersparnissen zu leben. Irgendwann ist das Geld alle. Daher ist es ideal, wenn Geld immer arbeitet, damit es niemals finanziell eng wird. Betrachtet bitte den Weg zum 10.000-Euro-Ziel als reine Ansparphase. Spannender wird es natürlich erst danach. Wir gehen jedoch Schritt für Schritt vor, um zu lernen, wie aus Kleingeld bald ein sehr großer Schein wird. Schaut euch zunächst den folgenden Zinsrechner im Internet an. Achtet darauf, wie sich das Ergebnis mit einem variierten Zinssatz und Sparbetrag ändert: www.zinsen-berechnen.de/zinsrechner.php.

### Aufgabe 4: Die 30-Prozent-Regel

Es gibt viele Möglichkeiten, eine beachtliche Summe anzusparen. Am besten, ihr legt monatlich 30 Prozent eures Einkommens beiseite. Zunächst ermittelt ihr eure monatlichen Einnahmen.

Tragt hier euer monatliches Haushaltseinkommen ein:

Euer monatliches Haushaltseinkommen in Euro x 12 = _____

### Mein Beispiel:

2.400 Euro x 12 = 28.800 Euro

### Euer Beispiel:

Bestimmt nun euer gesamtes Jahreshaushaltseinkommen:

_____

Gibt es neben eurem monatlichen Gehaltseingang weitere Einnahmen? Dazu gehören Steuererstattungen, Geldgeschenke und Einnahmen aus Vermietung, Verpachtung oder Dividendenzahlungen. Die Summe teilt ihr durch zwölf, damit ihr das Ergebnis zum monatlichen Einkommen addieren könnt.

**Beispiel:**

Ich erwarte in diesem Jahr Einnahmen durch Dividenden, Geldgeschenke und Steuerrückzahlung in Höhe von insgesamt 4.000 Euro. Das ergibt monatliche Zusatzeinnahmen in Höhe von 333 Euro, die ich zu meinem Gehalt addiere.

2.400 Euro + 333 Euro = 2.733 Euro

Aufs Jahr gerechnet ergibt das mein Jahreshaushaltseinkommen:

28.800 Euro + 4.000 Euro = 32.800 Euro

Angenommen, ihr legt jeden Monat 30 Prozent eures Einkommens beiseite:

Wie viel hättet ihr in einem Jahr gespart?

Euer 12-Monats-Haushaltseinkommen x 0,30 =

**Die 30-Prozent-Regel an einem Beispiel:**

Aufs Jahr gerechnet: 32.800 Euro x 0,30 = 9.840 Euro

Auf den Monat gerechnet dividiert ihr das gesamte Jahreshaushaltseinkommen durch 12:

32.800 : 12 = 2.733 Euro

**Mein Plan steht:**

2.733 Euro x 0,3 =820 Euro

Monatlich lege ich 820 Euro an. Das fällt mir nicht schwer, da ich vorher meinen Finanzhaushalt aufgeräumt habe. Darf ich euch etwas verraten? Ich versuche meine monatlichen Rücklagen langfristig sogar zu erhöhen. Im nächsten Jahr will ich 40 Prozent meines Einkommens beiseitelegen. Das sind monatlich 1.100 Euro. Meine Ausgaben möchte ich dabei jedoch nicht senken. Die Mehreinnahmen soll mein angelegtes Geld erwirtschaften, indem es für mich arbeitet. Ideal wäre dann ein Geldzufluss (Cashflow) durch aktive Investments in Form von Mieteinnahmen, Dividenden und Tantiemen aus meiner Tätigkeit als Autorin. Aber das sind alles Zukunftspläne. Aktuell kann ich 820 Euro monatlich anlegen. In zehn Jahren ergibt das eine Summe von 98.400 Euro, wenn es unverzinst auf dem Konto rumliegt. Das wollen wir aber nicht! Schauen wir schnell nach, wie der Betrag unter optimalen Renditegesichtspunkten innerhalb von zehn Jahren wächst. Rechnen war noch nie so einfach.

Ermittelt mithilfe des folgenden Links, welchen Betrag ihr mit einer Verzinsung von sechs Prozent in zehn Jahren anspart: www.zinsen-berechnen.de.

Eure Grundlage über die monatlichen Rücklagen bildet die 30-Prozent-Regel.

Bei einem Zinssatz von sechs Prozent und einer halbjährigen Verzinsung werden aus meiner monatlichen Rücklage nach zehn Jahren 136.000 Euro. Meine Depotbeispiele haben euch bereits gezeigt, dass meine minimalen Einsätze eine interessante Kapitalrendite aufweisen. Die Rendite ist nichts anderes als eine Kennzahl, die euch sagt, wer von euch beiden das Sagen in eurer Beziehung hat. Entweder, das Geld arbeitet fleißig für euch, oder es lässt euch die Drecksarbeit machen, während es faul auf einem Sparbuch rumliegt. Geld ist da auch nicht anders als wir Menschen. Man sollte sich gut überlegen, mit welchen Menschen man sich einlässt. Faule, langweilige Menschen bringen euch in der Regel rein gar nichts. Fleißige Menschen haben immer interessante Storys und sind durchaus in der Lage, euch zu motivieren. Das Gleiche trifft auf Geld zu. Euer Ziel lautet, dass ihr Geld für euch arbeiten lasst, nicht umgekehrt. Wie legt man nun seinen monatlichen Betrag geschickt an, um eine gute Rendite zu erzielen? Auf Bankkonten liegt Geld leider nur herum und wird jeden Tag träger. Es hofft, dass ihr für Geld arbeitet und nicht auf die Idee kommt, es für euch arbeiten zu lassen. Aber die Zeiten ändern sich! Im Folgenden zeige ich euch eine Übersicht von DAX-Werten und ihren Dividendenzahlungen. Die Seite www.mydividends.de ist eine Top-Informationsquelle für dividendenorientierte Anleger. Da ich davon ausgehe, dass ihr zu faul seid, auf dieser Website selbst nachzusehen, liste ich euch einen kleinen Tabellenausschnitt auf: (Stand 02/2015) Ja, ich weiß. Ihr findet die Werte lächerlich. »Was sind schon 4,73 Prozent Dividendenrendite wie im Beispiel der Allianz SE?«, fragt ihr vorwurfsvoll. 10 Prozent und mehr wären doch viel schöner! Bitte beachtet, dass ihr bei der Aktienanlage gleich zwei Fliegen mit einer Klappe schlagen könnt. Dividendenzahlungen sowie Kurszuwächse. Schon nach wenigen Jahren seht ihr, dass euer Geld gute Arbeit leistet. Also, Kopf hoch! Und seid nicht so ungeduldig! Ich hoffe, ich konnte euch davon überzeugen, dass es an der Börse niemals langweilig wird. Jedenfalls ist es mit Aktien spannender als mit einem Sparbuch.

## Tabelle 4: Dividenden-Beispiele (Stand 09/2015)
### Ausgewählte Dividendenbeispiele aus dem DAX

| Name | Kurs | letzte Dividende | Rendite | Haupt-versammlung |
|---|---|---|---|---|
| ALLIANZ SE | 154.20 € | 6.85 € | 4.99 % | 06.05.2015 |
| MÜNCHENER RÜCK | 190.65 € | 7.75 € | 4.68 % | 23.04.2015 |
| CONTINENTAL AG | 89.68 € | 3.25 € | 1.85 % | 30.04.2015 |
| DEUTSCHE BÖRSE | 74.65 € | 2.10 € | 3.55 % | 13.05.2015 |
| BAYER | 13.87 € | 2.25 € | 1.99 % | 27.05.2015 |
| DEUTSCHE POST | 27.86 € | 0.80 € | 3.02 % | 27.05.2015 |
| DEUTSCHE TELEKOM | 13.10 € | 0.50 € | 4.02 % | 15.05.2015 |
| BASF | 83.70 € | 2.70 € | 3.48 % | 02.05.2015 |
| BEIERSDORF | 81.13 € | 0.70 € | 1.04 % | 31.03.2015 |
| SIEMENS | 100.02 € | 3.30 € | 3.50 % | 27.01.2015 |
| ADIDAS AG | 78.05 € | 1.50 € | 1.62 % | 08.05.2015 |
| BMW ST. | 88.40 € | 2.60 € | 3.05 % | 15.05.2015 |

Quelle: http://bit.ly/1NwftRl

## Der Fondssparplan

Damit ihr die 10.000 Euro schnell und mit guter Rendite anspart, empfiehlt sich ein Fondssparplan. Zunächst richtet ihr euch bei der Bank den sogenannten Sparerpauschbetrag mit einem Freistellungsauftrag ein. Nicht, dass ihr noch Steuern auf eure Erträge abführen müsst. Bei Direktbanken reicht ein Klick in das dafür vorgesehene Onlineformular. 801 Euro darf eine unverheiratete Person im Jahr via Geldanlage steuerfrei dazuverdienen. Eheleute erhalten den doppelten Freibetrag, also 1.602 Euro. Das ist ein weiterer Grund für mich, endlich vor den Altar zu treten. Bevor ihr euch auf einen Fonds festlegt, geht's zurück zum Spieldepot.

### Aufgabe 5: Euer dritter Spiel-Trade
Im Folgenden findet ihr eine Fonds-Übersicht. Sucht euch einen Wert für euer Spieldepot aus. Euch stehen 1.000 Euro zur Verfügung.

**Tabelle 5: Top Deutschland-Fonds (Vgl. €uro-Ausgabe vom Februar 2015)**

| Name | ISIN | 5 Jahres-Performance | 10 Jahres-Performance | Fund Awards | Strategie/Branche |
|---|---|---|---|---|---|
| DWS Aktien Strategie Deutschland | DE0009769869 | 108% | 192% | 5, 10 Jahre | Growth lastig |
| DWS Deutschland | DE0008490962 | 95,20 % | 221 % | 3, 5, 10 Jahre | Growth lastig |
| iShares MDAX ETF | DE0005933923 | 116 % | 195 % | 10 Jahre | Indexfonds auf den MDAX |

Kauft euch für 500 Euro Fondsanteile eurer Wahl!

– Für welchen Fonds habt ihr euch entschieden?

– Begründet eure Entscheidung.

– Holt euch den ETF auf den Index NASDAQ ins Spiel-Depot: iShares Nasdaq 100 ETF, ISIN DE000AOF5UF5.

– Vergleicht die Performance mit dem Fonds, den ihr aus der Tabelle gewählt habt. Welcher Fonds hat die bessere Performance?

Ein Hinweis: Beim iShares Nasdaq 100 ETF handelt es sich um einen passiven Fonds, da er nicht aktiv gemanagt wird. Er bildet den US-Aktienindex NASDAQ nach. Die Gebühren sind dadurch günstiger als bei einem aktiv gemanagten Fonds.

## Fonds: Der einfache Einstieg in die Kapitalanlage

Ich bin mir sicher, dass die meisten von euch bereits in einen Fonds investieren, denn es handelt sich um eine sehr beliebte Anlageform. Die Grundidee eines Fonds ist, dass Anleger mit moderaten Mitteln am Börsengeschehen teilhaben können. Gemeinsam wird in einen Topf eingezahlt und vom eingesammelten Kapital in verschiedene Einzelwerte investiert. Ein Fonds ist nichts anderes als ein breit gestreuter Wertpapierkorb mit moderatem Anlagerisiko. Es gibt Fonds, die in Aktien, Immobilien und Anleihen (Renten) investieren. Andere Fonds spezialisieren sich auf Strategien, indem sie sich nur auf eine bestimmte Branche, wie zum Beispiel die Pharmaindustrie, konzentrieren. Fonds gelten als relativ sicher, da im Fall, dass die Fondsgesellschaft pleitegeht, das angelegte Kapital als Sondervermögen behandelt wird. Es gehört damit nicht zur Insolvenzmasse. Laut Fondsverband BVI erzielten Anleger, die über 25 Jahre jeden Monat 100 Euro in einen deutschen Aktienfonds eingezahlt hatten, eine Rendite von 6,2 Prozent pro Jahr. Das ist doch gar nicht so schlecht, oder? Viele Leute finden Fonds toll, denn man muss sie nur auswählen, alles Weitere läuft automatisch. Ein Fondsmanager kümmert sich um die Kapitalanlage, und der Anleger profitiert von dessen Expertise. Da man bei Investmentfonds nichts anderes machen muss, als abzuwarten, zählt man sie zu den passiven Investments. Ich zähle sie zu den vernünftigen Einstiegsmöglichkeiten. Schließlich bekommt ihr mit ihnen ein Gefühl fürs Börsengeschehen und profitiert von Kurszuwächsen und Dividendenausschüttungen. Zunächst müsst ihr ein Depot eröffnen, um Fonds zu handeln. Um Kosten zu sparen, weist Comdirect »Fondsdiamanten« aus. Das sind Fonds mit geringem oder ohne Ausgabeaufschlag. Diese Fonds wurden darüber hinaus von einer führenden Ratingagentur (Morningstar) geprüft und mit 4 (gut) bis 5 Sternen (sehr gut) bewertet. Alle Fondsdiamanten im Überblick findet ihr hier: http://www.comdirect.de/cms/wertpapiere-fondsdiamanten.html.

Um vor bösen Überraschungen bei der Fondsauswahl geschützt zu sein, solltet ihr euch mit dem Thema intensiv beschäftigen und dabei nicht nur auf ein Rating von einer Agentur vertrauen. Sie bewertet den Fonds schließlich nur anhand von Bilanzdaten aus der Vergangenheit. Was die Zukunft bringt, weiß sie nicht, sondern schreibt den Trend anhand von Kennzahlen weiter. Investieren macht besonders großen Spaß, wenn man sich mit der jeweiligen Branche und den betreffenden Produkten identifizieren kann. Verschafft euch erst einmal einen umfassenden Überblick, welche Fonds es gibt. Von den geschlossenen Fonds solltet ihr euch grundsätzlich fernhalten. Ich halte sie für sehr riskant, da die Anteile schwer handelbar sind. Die meisten geschlossenen Fonds nehmen ihre Anteile nicht mehr zurück. Es drohen unter Umständen hohe Verluste. Um flexibel zu bleiben, solltet ihr euch bei der Fondsauswahl auf offene Fonds konzentrieren. Es gibt eine riesige Auswahl. Zunächst überlegt ihr euch, welche Branchen euch generell interessieren, um die Auswahl zu erleichtern. Aktuelle Themen zu Fonds findet ihr unter: http://www.finanzen.net/fonds/.

In Deutschland gibt es aktuell ca. 8.000 zugelassene Produkte. Dadurch wird eure Fondsauswahl nicht ganz einfach. Generell empfehle ich euch für den Anfang einen deutschen Fonds, da ihr bei ausländischen Investments ohne Steuerberater schnell in die Steuerfalle geht.

**Tabelle 6: Die besten deutschen Aktienfonds (€uro-Ausgabe vom Februar 2015)**

| Name | ISIN | 5 Jahres-Performance | 10 Jahres-Performance | Fund Awards | Strategie/Branche |
|---|---|---|---|---|---|
| DWS Aktien Strategie Deutschland | DE0009769869 | 108 % | 192 % | 5, 10 Jahre | Growth lastig |
| DWS Deutschland | DE0008490962 | 95,20 % | 221 % | 3, 5, 10 Jahre | Growth lastig |
| iShares MDAX ETF | DE0005933923 | 116 % | 195 % | 10 Jahre | Indexfonds auf den MDAX |

Ich bin mir sicher, ihr findet großen Gefallen an der ausgewiesenen Rendite dieser Fonds. Bis hierher habt ihr euch bestimmt noch gefragt, wie ihr denn mit wenig Geld ein kleines Vermögen aufbauen sollt. Zudem konntet ihr sicherlich nicht nachvollziehen, wie man eine jährliche Rendite um die sechs Prozent im aktuellen Niedrigzinsumfeld erzielen soll. Ich möchte euch im Folgenden die Tabelle aus dem vorherigen Kapitel erneut vor Augen führen. Vergleicht sie nun mit den Fondsrenditen der Top-Deutschland-Fonds aus der oben gezeigten Übersicht. Ich hoffe, ihr bekommt bei diesem Anblick Lust auf mehr Geld.

**Tabelle 7: Renditebeispiele durch Zinseszinseffekt**

| Monatlicher Spar-Betrag in Euro | Nach 30 Jahren wurden einge- zahlt in Euro | Betrag verzinst zu 2 % p. a. in Euro | Betrag verzinst zu 7 % p. a. in Euro |
|---|---|---|---|
| 30 | 10 800 | 14 763 | 35 295 |
| 50 | 18 800 | 24 605 | 58 825 |
| 70 | 25 200 | 34 446 | 82 356 |
| 100 | 36 000 | 49 209 | 117 651 |
| 200 | 72 000 | 98 418 | 235 302 |
| 300 | 108 000 | 147 627 | 352 953 |
| 500 | 180 000 | 246 045 | 588 255 |

## Vorsicht bei ausländischen Fonds

Wie bei der Aktienanlage gibt es auch bei Fonds eine Steuerfalle. Sobald der Sparer-Pauschbetrag von 801 Euro pro Person überschritten wird, ist die Abgeltungsteuer fällig. Sie wird automatisch von eurer Depotbank eingezogen. Pauschal zahlt ihr dann für sämtliche Erträge beim Fondssparen 25 Prozent Steuern plus Solidaritätszuschlag sowie eventuell Kirchensteuer. Liegt euer persönlicher Steuersatz unter 25 Prozent, gilt dieser. Generell ist Vorsicht bei ausländischen Fonds geboten. Sobald ihr euch ausländische thesaurierende Fonds ins Depot holt (ISIN beginnt dann nicht mit DE), müsst ihr die jährlichen Erträge in der Steuererklärung angeben. Mich persönlich nervt das so sehr, dass ich mich bei der Fondsauswahl nur auf deutsche Fonds beschränke. Zudem gibt es eine weitere Steuerfalle beim Verkauf von thesaurierenden Auslandsfonds. Thesaurierende Fonds investieren den erwirtschafteten Gewinn gleich wieder in den Kauf von weiteren Anteilen. In diesem Fall zieht die Depotbank vom gesamten über die Haltedauer abgelaufenen Wertzuwachs die Abgeltungsteuer ein, obwohl die jährlich thesaurierten Erträge bereits versteuert wurden. Ihr müsst dann in der Steuererklärung die zu viel versteuerten Beträge wieder zurückfordern. Bei so einem bürokratischen Aufwand bekommt man schnell graue Haare. Jedoch mindert nicht nur die Abgeltungsteuer eure Rendite, sondern auch die Fondsgebühren. Unterschätzt niemals die beim Fondsparen anfallenden Kosten. Ich nenne sie Renditekiller. Die meisten von euch kennen sicherlich nur den Ausgabeaufschlag als Kaufgebühr. Das sind bis zu fünf Prozent eures eingesetzten Kapitals. Es gibt aber noch viel mehr, was eure wunderschöne Zielrendite beachtlich schmälert: Vertriebsgebühren, Managementgebühren, Marketinggebühren, Bankdepotgebühren. Hinzu kommen weitere Kosten verursacht durch Steuerberater, Wirtschaftsprüfer und Fondsaufsichtsräte. Das sind alles Renditekiller, die bei aktiven Fonds aufgrund des Fondsmanagements entstehen.

Grundsätzlich ist es ja schön, dass sich viele Leute aktiv um einen Fonds kümmern. Ein Sprichwort besagt aber auch, dass zu viele Köche den Brei verderben, und das trifft leider bei solchen Fonds zu. Konflikte gibt es darüber hinaus aufgrund der unterschiedlichen Zielsetzungen der Fondsmanager, der Anleger und des Gesetzgebers. Die verschärften Gesetzesauflagen erlauben keinen Spielraum für Risiken. Geringe Risiken bieten geringe Renditechancen. Daher wird der Fondsmanager primär damit beschäftigt sein, die gesetzlichen Auflagen zu erfüllen. Gesetzesvorschriften und Renditeziele sind stark negativ korreliert. Das bedeutet: Entweder oder. Entweder man erfüllt die Auflagen unter hoher Sicherheit, oder man verstößt dagegen und verliert seinen Job. Der Fondsmanager hat große Angst vor Verstößen und Jobverlust. Das bedeutet, dass Angsthasen für euren Vermögensaufbau zuständig sind. Ich weiß nicht, ob ihr das langfristig wirklich wollt. Es reicht, wenn wir Angst haben. Wenn Fondsmanager genauso ängstlich sind, können wir unser Geld gleich selbst in Aktien investieren, oder ihr folgt meinem nächsten Tipp.

## Mein Vorschlag: Holt euch ETFs

ETFs (Exchange Traded Funds) sind passive Fonds, die möglichst genau einen Index, etwa den DAX oder MDAX in ihrem Wertpapierkorb abbilden. Ihre Performance korreliert positiv mit dem nachgebildeten Index. Da man hier kein teures Fondsmanagement braucht, sind sie besonders kostengünstig. Zudem fällt es vielen aktiv gemanagten Fonds schwer, einen Index zu schlagen. Das hat sich bereits überall herumgesprochen, weshalb ETFs immer beliebter werden. Der richtige Zeitpunkt ist bei einem Fonds entscheidend. Überlegt euch immer genau, wann ihr ein- und aussteigt. Aktuell gelten die Substanzwerte des deutschen Aktienmarkts als hoch bewertet. Unter Substanzwerten versteht man Werte mit gesunden Bilanzen und guten Geschäftsmodellen. Das sind in Deutschland Werte wie Siemens (WKN: 723610), Münchener Rück (WKN: 843002) oder Daimler (WKN: 710000). International gehören beispielsweise Apple (WKN 865985), Cisco Systems (WKN 878841) und Pfizer (WKN 852009) zu den Standardwerten. Jedoch solltet ihr zunächst abwarten, da viele Werte aktuell überbewertet sind. Die Kurse sind zum Vorjahresvergleich relativ hoch. Einiges deutet auf eine Überhitzung hin. Die niedrigen Zinsen sind der Grund, weshalb viele Anleger verstärkt auf Fonds und Aktien setzen. Es ist ratsam, auf sein Bauchgefühl zu hören, um den genauen Ein- und Ausstiegszeitpunkt zu bestimmen. Ein Stop-Loss bei der Ordereingabe sorgt für eine adäquate Risikobegrenzung. Geduldig solltet ihr zunächst den Verlauf eures Fonds-Favoriten im Spiel-Depot verfolgen. Dabei prüft ihr auch dessen Performance in den vergangenen fünf Jahren. Wie verhielt sich der Chart während Krisen? 2014 war das geopolitische Umfeld katastrophal. Der Ukraine-Konflikt ist nur ein Beispiel für das sehr instabile vergangene Börsenjahr. Fonds folgen Trends, daher solltet ihr das aktuelle politische und ökonomische Umfeld stets im Auge behalten. Generell erwarten Experten derzeit ein enormes Risikopotenzial aufgrund der zu lockeren Geldpolitik. Um schwache EU-Mitgliedsländer vor der Staatspleite zu retten, entstand durch den Staatsanleihenkauf eine riesige Blase. Das Platzen dieser Blase ist nur eine Frage der Zeit.

Als Tipp für Fondseinsteiger empfehle ich erste Erfahrungen im Spiel-Depot zu sammeln. Indem ihr täglich den Verlauf verfolgt, gewinnt ihr ein Feingefühl im Umgang mit diesem Investment. Sobald ihr euch Gedanken über den Einstiegszeitpunkt gemacht habt, legt ihr einen Betrag fest, zu dem ihr jeden Monat Fondsanteile kauft. Bei der Bank gibt es dafür ein Auftragsformular für die Einrichtung einer monatlichen Transaktion. Es ist problemlos möglich, den Auftrag zu ändern. Ihr könnt jederzeit darüber bestimmen, wie lange ihr den Fonds im Depot behaltet und bei welcher prozentualen Performance-Unterschreitung ihr eure Anteile verkauft.

## Zeit für eine Verschnaufpause

»Um Kritik aus dem Weg zu gehen, mache nichts,
sage nichts und sei nichts.«

Elbert Hubbard
(1865-1915, US-amerikanischer Philosoph)

Ich bin stolz auf euch! Ihr habt euch bis zu diesem Abschnitt erfolgreich durchgerungen. Ich bin mir sicher, dass es bestimmt nicht einfach war. Die Vielfalt an Informationen und Fragen hat euch etwas Zeit gekostet. Allerdings ist das alles notwendig, damit ihr beginnt, euch eure Zukunft vor Augen zu führen. Es ist wichtig, sein Tun täglich zu reflektieren und die eigenen Zielsetzungen zu hinterfragen. Ich muss gestehen, dass ich wissen möchte, ob es mir tatsächlich gelungen ist, eure Neugier aufs Investieren zu wecken. Bitte überlegt euch sorgfältig, ob ihr bereit seid, von nun an euer Wissen täglich zu vertiefen. Welche Erkenntnisse habt ihr anhand der vorangegangenen Kapitel gewonnen? Was genau werdet ihr ab jetzt ändern? Hoffentlich ist Vieles für euch klarer geworden, was euer Leben im finanziellen Zusammenhang anbelangt. Es ist mir sehr wichtig, euch zu motivieren. Ihr allein seid Priorität Nummer 1, und ihr müsst alles dafür tun, dass euch niemand von euren Zielen abbringt.

Die meisten Menschen begegnen uns mit Skepsis und versuchen auch dem Letzten von uns Optimisten das Funkeln in den Augen auszulöschen. Der deutsche Wutbürger möchte schließlich mit seinem langweiligen Leben nicht allein verbittert dastehen. Er wartet schon jetzt darauf, dieses Buch mit seiner Kritik auf dem Scheiterhaufen anzuzünden. Nur wenn es auch andere ihm gleichtun, fühlt er sich besser. Als ich dieses Buch schrieb, stieß ich auf Unverständnis und wurde von allen Seiten belächelt. Von vornherein hofften viele darauf, sich an meinem Misserfolg ergötzen zu dürfen. Den Menschen macht es schließlich Angst, wenn es jemanden gibt, der sich nicht passiv wie sie selbst seinem armseligen Schicksal ausliefert. Es macht mir großen Spaß, euch zu zeigen, wie es geht. Habt keine Angst! Ihr seid bis hierher durchgedrungen und werdet mit jedem weiteren Kapitel selbstbewusster und zielstrebiger. Auch ihr werdet schon bald diejenigen sein, die gegen den Strom schwimmen. Dabei werdet auch ihr müde belächelt in der Hoffnung, erbärmlich zu scheitern. Zeigt jedem, zu was ihr fähig seid. Tut niemandem den Gefallen zu scheitern. Macht sie wütend mit eurem Tatendrang!

## Ein abschließender Gedanke

Mein erster Trade liegt nun über sieben Jahre zurück. Es fühlt sich an wie eine Ewigkeit. Die Anzahl meiner Trades kenne ich nicht. Aber ich weiß, dass jede einzelne Transaktion mich verändert hat. Jedes Mal war ich gezwungen, Entscheidungen zu treffen. Jedes Mal überwand ich große Verlustängste, stellte mich enormen Risiken und habe mich dadurch irgendwie weiterentwickelt. Endlich gestehe ich mir Fehler ein und lerne daraus. So etwas hätte ich mir früher nie zugetraut. Fehler waren doch etwas Negatives, etwas, dass gebildete Menschen sich nicht eingestehen dürfen. Endlich weiß ich, dass Geld irgendwie zum Leben dazugehört. Und ich weiß jetzt, dass es doch überhaupt keine Rolle spielt, ob ihr mehr verdient als andere oder weniger. Wichtig ist, dass ihr mit Geld umgehen könnt und dass ihr es nicht für überteuerten Marken-Krempel ausgeben müsst, um glücklich zu sein. Erst wenn man sehr viel Geld besitzt, weiß man, was Armut bedeutet. Es bedeutet, sein Leben nicht in vollen Zügen leben zu können, weil andere Menschen es negativ beeinflussen. Es bedeutet auch, dass man mit teuren Dingen versucht, sich ein Lächeln zu kaufen. Nennen wir es Hoffnung, auf ein schöneres Leben. Ich nenne es eine Armutsfalle.

Entscheidet selbst, wofür ihr euer Geld ausgebt: Sei es für ein Leben in Armut oder für eine Investition in eure Zukunft. Ich hoffe, ihr entscheidet weise. Seid euch eurer Stärken bewusst. Unterschätzt euch niemals! Vertraut auf euren Verstand und macht ihn zu eurem Verbündeten. Denn nur er führt euch an euer Ziel, indem er euch Kraft gibt und euch motiviert. Durch meine Leidenschaft am Investieren weiß ich, was mich als Mensch antreibt: mein eiserner Wille, im Leben frei zu sein. Ich kenne endlich mein Ziel. Es fühlt sich gut an, wenn man weiß, was man im Leben wirklich will. Ich muss gestehen, dass mir zu Beginn meines Studiums exklusive, teure Dinge sehr wichtig waren. Erst durch die Börse habe ich den Umgang mit Geld lernen dürfen. Ich weiß jetzt, dass sie das Tor zur Freiheit bedeutet. Seid ihr bereit, einzutreten? Findet endlich heraus, was euch auf der anderen Seite erwartet! Stellt euch euren Ängsten und nutzt Risiken als Chance auf eine neue Erfahrung. Nur durch neue Erfahrungen findet ihr heraus, wer ihr wirklich seid und was in euch steckt.

Ich hoffe, ihr teilt meine Meinung, dass Geld zu einem glücklichen Leben dazugehört und man endlich darüber reden soll! Schließlich geht ohne das nötige Kleingeld rein gar nichts. Das Leben wird ohne Geld schnell zum Albtraum. Ich hoffe, dass es bald viele weibliche Investoren gibt, die es schaffen, sich ihre Freiheit zurückzuholen. Investiert in ein Leben, in dem ihr alleine Regie führt. Lebt euer Leben genauso, wie ihr es euch vorstellt. Das ist ein Aufruf an alle Frauen:

**WERDET ENDLICH REICH!**

# Teil 3 –
# Home-Shopping:
# Viel Geld ist nicht genug

»Der schlimmste Fehler von Frauen ist ihr Mangel
an Größenwahn.«

Irmtraud Morgner, 1933 - 1990, deutsche Schriftstellerin

# Die passive Ansparphase ist beendet: Investieren wir in Immobilien!

*H*abt ihr 10.000 Euro erfolgreich angespart? Respekt! Ich hoffe, eure 5.000-Euro-Notreserve bleibt auch weiterhin unangetastet. Passt bitte immer gut darauf auf! Schließlich handelt es sich um euer absolutes Notfallpolster und kein Urlaubs- oder Klamottengeld. Euer Kontostand bewegt sich langsam aber sicher in die richtige Richtung! Ihr könnt stolz auf euch sein, denn nur wenige Menschen besitzen 15.000 Euro. Die Ansparphase ist hart. Man ist ungeduldig und muss warten, bis das Ansparziel erreicht ist. Dauernd begegnen uns dabei Verlockungen und Sonderwünsche. Permanent denken wir darüber nach, unsere Sparreserven aufzubrauchen. Ich hoffe, ihr bleibt tapfer! Beim Sparen geht's primär darum, sein Geld zu bewahren und anhand von Guthabenzinsen zu vermehren. Es handelt sich um eine reine passive Geldanlage. So etwas bringt aber leider keinen Reichtum. Getrieben von Sicherheitsdenken nehmen Sparer aufgrund niedriger Zinsen und steigender Inflation hohe Verluste in Kauf. Inflation macht somit Sparen zum Verlustgeschäft. Man redet von Inflation, wenn der jährliche Kaufkraftverlust zwei Prozent übersteigt. Man misst sie am Verbraucherpreisindex. Das ist ein Warenkorb gefüllt mit verschiedenen Dingen. Während die Preise steigen, unser Einkommen aber stagniert, werden wir immer ärmer. Verdrängt wird die Tatsache insofern, dass unser Konto die Inflation nicht direkt anzeigt. Es weist schließlich keinen dicken Inflations-Minusposten aus. Wir alle sind jedoch unmittelbar davon betroffen. Ihr fragt, wie es zur Inflation kommt? Sie ist die Folge einer hohen Staatsverschuldung und der Politik des billigen Geldes. Um 1.556 Euro steigt die deutsche Staatsschuldenlast pro Sekunde. Irgendwoher muss das Geld schließlich kommen, damit der damit der Staat Herr dieser Lage wird. Es wird immer mehr Geld gedruckt. Die Geldmenge steigt. Dadurch sinkt der Wert des Geldes. Die Zinsen sinken. Der Sparer ärgert sich über die niedrigen Zinsen und wird zudem mit Inflation bestraft.

Einen funktionierenden Staat erkennt man an stabilen Preisen. Aber auch der Staat ist gierig. Man nennt so etwas Marktversagen.

Es klingt schließlich nicht ganz so negativ. Der Staat hat ein riesiges Schuldenproblem und überlebt nur, wenn seine Einnahmen langfristig steigen. Cashflows generieren ihm sein Kapital. Sein Kapital, das sind wir. Indem wir hart für unseren Staat arbeiten, halten wir ihn am Leben. Wenn wir hingegen reich und faul in der Karibik unseren Hobbys nachgehen würden, könnte der Staat nicht überleben. Daher versucht er, uns daran zu hindern, zu Reichtum zu gelangen. Denn reiche Menschen gehören nicht zu seinem Kapital, da Reichtum ihnen Macht und Unabhängigkeit verleiht. Reiche besitzen dadurch die Freiheit, über ihr Leben selbst zu bestimmen. Sie können sich teure Berater leisten, die ihnen sagen, wie man so wenig Steuern wie möglich zahlt. Der Staat hält uns »Normalverdiener« genau aus diesem Grund an einer sehr kurzen Leine. Es ist eine Schande. Aber machen wir das Beste daraus!

Was wir daraus lernen können? Machen wir es unserem Staat nach! Oder würdet ihr eurem Kapital erlauben, dass es einfach so abhaut und sich zur Ruhe setzt? Leider macht ihr genau das, indem ihr nur mit Bankkonten spart und euer Geld nicht investiert. Sparen erlaubt eurem Kapital ein schönes erholsames Leben auf eurem Sparbuch. Es ist dort quasi arbeitslos und hofft, dass ihr niemals herausfinden werdet, dass es auch hart arbeiten kann. Damit ist jetzt Schluss! Macht es dem Staat nach und lasst euer Kapital ordentlich für euch arbeiten! Ich weiß, ihr seid immer noch nicht überzeugt und möchtet weiter sparen wie bisher. Veränderungen sind schließlich anstrengend und Investieren klingt viel zu kompliziert. Aber glaubt mir. Die Inflation ist die Karies des Geldes! Sie bohrt unaufhörlich riesige Löcher in jedes Konto. Da wir damals in der Schule im Mathematikunterricht viele Kreise, Quadrate und Dreiecke gezeichnet haben, bereitet es uns jetzt große Probleme, der Realität ins Auge zu sehen und nachzurechnen. Ich möchte euch daher ein Rechenbeispiel geben.

Erhaltet ihr 0,5 Prozent Zinsen für euer angespartes Geld, ist das immerhin besser als 0 Prozent. Die Inflation müsst ihr allerdings davon abziehen. Vor eurem Zinsertrag steht nun ein dickes Minus. Bei 3,5 Prozent Inflation und 0,5 Prozent Zinsen verliert ihr jährlich 3 Prozent eures Kapitals. Nach zehn Jahren habt ihr somit ein Viertel eures Geldes durchs Sparen »verbrannt«. Trotzdem tun es alle. Sie sparen und sind stolz darauf. Ihre Gründe sind recht einfach. Man braucht keine Angst vor Risiken zu haben, schließlich gilt es als sicher. Beim Sparen ist es eigentlich von Bedeutung, schnell ans Geld kommen zu können, um auf Änderungen im Leben reagieren zu können. Der Sparer kann im Idealfall der Geldentwertung durch Inflation vorbeugen. Die derzeit niedrigen Zinsen machen leider nicht einmal das möglich. Tagesgeldkonten und Sparbücher sind somit nicht nur langweilig, sondern unsinnig.

Zeit für ein neues Abenteuer! Ab jetzt wird fleißig investiert. Schon bald gehört ihr zu den Gewinnern. Sparen gehört der Vergangenheit an. Euer Geld soll endlich so hart arbeiten, dass es euch regelmäßige Einnahmen generiert. Betrachtet jeden Euro als euren Angestellten. Glaubt mir, sie werden dafür sorgen, dass noch mehr Angestellte hinzukommen, die noch härter arbeiten. Ihr fragt, wie ihr das schafft? Indem ihr euer Geld investiert. Der Unterschied ist einfach: Beim Investieren kauft man einen Vermögensgegenstand und nicht nur ein Versprechen auf lächerlich niedrige Guthabenzinsen. Neben einer möglichen Wertsteigerung wirft dieser Vermögensgegenstand eine entsprechende Rendite in Form von passivem Einkommen ab. Das bedeutet, dass auf eurem Konto Geld eingeht, ohne dass ihr dafür arbeiten müsst. Es vermehrt sich wie von Zauberhand. Genau so etwas machen Investments wie Immobilien, Aktien oder Firmenbeteiligungen. Sie generieren regelmäßige Einnahmen, einen sogenannten Cashflow. Robert T. Kiyosaki, der Autor des Buches »Rich Dad Poor Dad« vergleicht den Prozess mit einem Baum, den man pflanzt und regelmäßig bewässert. Langsam entfaltet er seine starken Wurzeln. Er wächst und wird schon bald eigenständig, indem er regelmäßig Früchte trägt.

## Weiter geht's: Das 50.000-Euro-plus-Ziel

Sobald ihr diesen Kontostand erreicht habt, könnt ihr euch beglückwünschen! Ihr seid auf dem richtigen Weg zu noch mehr Geld. Euer finanzieller Spielraum erlaubt euch eine optimale Diversifikation. Das bedeutet, dass ihr nun euer Geld mithilfe von verschiedenen Investments streuen könnt. Eure Anlagemöglichkeiten werden vielfältiger. Dadurch verringert ihr das Verlustrisiko und erhöht automatisch die Gewinnchancen. Was ihr in diesem Kapitel erfahrt:

### Erstens: Investiert nur in Immobilien, wenn euch das liegt

Immobilien sind nichts für jeden! Ihr müsst es lieben, aktiv zu sein. Damit meine ich so aktiv wie möglich. Könnt ihr Risiken nicht bewerten, sind aktive Investments nichts für euch! Ihr müsst den Immobilienmarkt in der jeweiligen Stadt kennen, um die mit einem Kauf verbunden Risiken genau zu analysieren. Darüber hinaus benötigt ihr eine Strategie, in der ihr festlegt, wo und was ihr kauft. Ich kaufe beispielsweise nur zentral gelegene Zwei-bis-Drei-Zimmer-Wohnungen in wachsenden Städten mit ausgezeichneter Infrastruktur. Für kleine Wohnungen findet man problemlos passende Mietinteressenten. Meine Preisobergrenze liegt bei maximal 115.000 Euro für eine Drei-Zimmer-Wohnung. Mehr gebe ich nicht aus, um eine Überschuldung zu vermeiden. Sorgt für ausreichende Barreserven auf eurem Konto, bevor ihr eine Immobilie kauft. Überlegt euch zudem gut, ob ihr wirklich die Nerven und das Durchhaltevermögen mitbringt. Ich selbst finde Aktien viel spannender als Immobilien, da ich hyperaktiv und hibbelig bin. Jede Woche erwarte ich Action auf meinem Depot und es bereitet mir sehr viel Freude, dem Auf und Ab an der Börse zu folgen. Mit einem geringen Kapitaleinsatz kann ich mich täglich ins Börsengeschehen stürzen. Aktienkäufe erledige ich schnell, und das geht ohne Notar. Das macht die Börse zum einfachsten aktiven Investmentspielplatz.

Andere Menschen bevorzugen wiederum einen nicht ganz so aufregenden Finanzalltag. Immobilien sind etwas für den ruhigen, ausgeglichenen Anlegertyp. Gehört ihr zu den aktiven Anlegern, dann macht vor dem Immobilienkauf eure Hausaufgaben. Legt zuerst eine Anlagestrategie fest und analysiert Zahlen, Daten und Fakten. Ermittelt das Mietpreisniveau und die Einwohnerstruktur der jeweiligen Stadt. Kauft nur in Wachstumsmetropolen. Denkt an Warnsignale, die auf Preisblasen hindeuten. Ist die Mietrendite unter vier Prozent, solltet ihr besonders vorsichtig sein und besser von einem Kauf absehen. Ohne einen Experten an eurer Seite wird der Kauf eurer ersten Immobilie schnell zum Risiko.

Ideal ist ein Makler, der selbst Objekte in der Stadt besitzt, in der ihr eine Wohnung kaufen möchtet. Wird euch der Makler von Bekannten empfohlen, könnt ihr davon ausgehen, dass sie positive Erfahrungen mit ihm gemacht haben. Augen auf beim Immobilienkauf! Trotz Makler solltet ihr euch bei der Besichtigung die Wohnung genau ansehen. Gerade der Keller und Dachstuhl geben Aufschluss über anstehende Reparaturmaßnahmen. Haltet während der Besichtigung Rücksprache mit dem Mieter und Hausmeister, falls einer von beiden zur Stelle ist. Sie geben gerne Auskunft über Probleme beim Mietobjekt oder den Mitbewohnern im gleichen Haus. Seht euch im Nachgang die Teilungserklärung genau an, um zu prüfen, ob die Quadratmeterangabe mit der des Maklers übereinstimmt. Die Teilungserklärung bestimmt in einer Immobilie mit mehreren Eigentümern, welche Flächen im Haus zum Gemeinschaftseigentum gehören und welche auf die einzelnen Wohnungen entfallen. Schaut auch ins Grundbuch, um auszuschließen, dass für das Objekt keine dinglichen Dauerschuldverhältnisse bestehen. Prüft zudem die Rücklagen der Eigentümergemeinschaft. Ein Zeichen von zu geringen Rücklagen für Instandsetzungen ist eine geringe Betriebskostenvorauszahlung. Je älter das Gebäude, desto höher müssen diese

Rücklagen sein, um große Instandhaltungskosten bewältigen zu können. Die Mietrendite wird durch die Betriebskostenvorauszahlung deutlich gemindert.

**Zweitens: Bindet euch kein Eigenheim als Klotz ans Bein**

Ein Häuschen im Grünen ist der Traum von vielen Menschen. Allerdings ist so ein Eigenheim in einem kleinen idyllischen Dorf kein Vermögensgegenstand. Im Gegenteil, es vernichtet euer Vermögen, da ihr das Haus zunächst mit schönen Möbeln ausstattet und es regelmäßig warten müsst. Die Kreditraten zahlt ihr über viele Jahre an die Bank. Ihr freut euch gerade aus diesem Grund schon sehr auf eure Rente. Denn dann gehört es endlich euch und kostet nicht mehr so viel Geld. Dann habt ihr auch endlich wieder etwas für einen schönen Urlaub übrig. Da ihr euer Eigenheim als Kapitalanlage seht, denkt ihr erst gar nicht ans Investieren. Ein Investment reicht schließlich. Es bleibt euch dadurch mehr Zeit für Facebook und fürs RTL-Schauen. Miete müsst ihr in Zukunft nicht zahlen, daher muss die regelmäßige Bankrate irgendwie dem Vermögensaufbau dienen. Deswegen glaubt ihr, auf einem riesigen Schatz zu sitzen.

Ich selbst komme aus einem kleinen Dorf in Thüringen. Meine Eltern besitzen dort ein großes Haus mit einem riesigen Garten. Irgendwann wird es mir gehören und mein Leben bestimmen. Es wird mich in den Ruin treiben, und ich habe jetzt schon große Angst davor. Immer wenn ich zu Besuch bei meinen Eltern bin, treffe ich im Garten nette Leute im Blaumann. Es sind alles Handwerker, die sich von Oma Kaffee und Kuchen servieren lassen. Die Rechnung haben sie meistens schon dabei, damit Papa sie gleich per Online-Überweisung begleichen kann. In unserem Dorf gibt es immerhin Internet und es hatte sogar bis vor kurzem noch eine eigene Internetseite. Einmal gab es ein internationales Dorffest, damit unser Dorf endlich in der ganzen Welt bekannt wird. Irgendwie hat es das Zeug zur Metropole, gefühlt jedenfalls. Manchmal kommt sogar ein Bäcker mit dem Auto vorbei und wir können uns etwas zu essen kaufen. Es ist immer wichtig, ausreichend Bargeld im Haus zu haben, da der Bäcker keine EC-Kartenzahlung akzeptiert. Der nächste Bankautomat ist sechs Kilometer entfernt. Wenn ich mal Rentnerin bin, weiß ich leider nicht, wie ich in die nächste Stadt kommen soll. Vielleicht kann ich ja noch bis ins hohe Alter Auto fahren. Bei meiner Sehschwäche bezweifele ich das allerdings. Da ich bislang noch keinen Mann mit Nestbautrieb ausfindig machen konnte, habe ich auch kurz vor meinen Wechseljahren noch immer keine Kinder. Somit muss ich es dann irgendwie allein schaffen und mich ab Renteneintritt bis ins hohe Alter selbst versorgen. Es wird also eine einsame Zeit in meinem Häuschen im Grünen. Hoffentlich kommt auch noch in 40 Jahren regelmäßig das Bäckerauto vorbei. Ich werde schon jetzt vorsorglich genügend Bargeld zur Seite legen. Es ist schön daheim in Thüringen. Ich kann mich an keinen Besuch erinnern, an dem ich nicht noch einen neuen Handwerker kennenlernen durfte. Sie sind irgendwie gerne bei uns. Schließlich gibt es viel zu erzählen.

Im Dorf gibt es einen neuen Fußballplatz mit Sportlerheim. Dort kann man sich abends günstig betrinken, falls nichts im Fernsehen läuft. Im Sommer feiern wir manchmal ein Dorffest und promoten unser Dorfbackhaus. Fast jeder geht dort ein und aus. Eine Mitgliedschaft im Heimatverein ist für jeden Dorfbewohner eine Selbstverständlichkeit. Es gibt dann ein Stück Kuchen im Jahr gratis. Wie gesagt, irgendwann besitze auch ich mein Häuschen im Grünen und bin Mitglied im Dorfverein. Ich werde schon einmal viel Geld sparen müssen, da die Grundsteuer jedes Quartal fällig wird. Die Handwerker sind wahrscheinlich auch jede Woche zu Gast, denn in einem alten Haus fallen ständig teure Reparaturen an. Eine Heizungsanlage kann schon nach 15 Jahren Probleme machen. Fenster und Rohrleitungen kommen schnell in die Jahre. Was ich euch damit sagen möchte? Ein Häuschen im Grünen ist romantisch für den, der es noch nicht besitzt. Es kann euch so richtig arm machen, denn es wird euer Geld fressen. Ich habe immer von einem Haus am Meer geträumt. Ich denke, wenn ich erst mal täglich in meinem Thüringer Garten Rasen mähen muss und die Handwerker bekoche, bleibt kein Geld und keine Energie mehr übrig, um meinen Traum zu verwirklichen. Es sei denn, ich hole mir frühzeitig ein richtiges Investment ins Portfolio.

### Drittens: Investiert in Mietobjekte

Was ich unter einem richtigen Investment verstehe, ist eine Immobilie, die regelmäßige Einnahmen abwirft. Nur vermietete Immobilien generieren euch Cashflow und dienen zum Vermögensaufbau. Finanziert ihr die Wohnung über eine Bank, bleibt genug Geld für weitere Investments übrig. Euer Vermögen wächst langfristig, da auch der Boden, auf dem eure Immobilie steht, an Wert gewinnt. Bei einem Häuschen in der Pampa ist das leider nicht der Fall. Von Wertzuwachs kann hier nicht die Rede sein. Oder habt ihr bei einem Pampa-Hausverkauf schon einmal eine Schlange hinter dem Makler gesehen? Häuser stehen dort ewig zum Verkauf ausgeschrieben. Kaum jemand will so etwas besitzen. Die Eigentümer bemerken dieses Problem allerdings erst beim anstrengenden Versuch, das Haus loszuwerden. Leider verstehen sie auch dann erst, dass ihnen ein Verlustgeschäft blüht. Meistens haben sie viel mehr Geld ins Eigenheim reingesteckt, als sie dafür bekommen. Ich hoffe, ihr macht genau das Gegenteil. Indem ihr zur Miete wohnt, gewinnt euer Leben an Wert, denn ihr bleibt flexibel. Veränderungen, die einen Umzug erfordern, bereiten euch dann keine großen Sorgen. Die Generation unserer Eltern bevorzugt noch immer ein Haus im Grünen. Ihren Traum vom »Schaffe, schaffe, Häusle baue« haben sie uns schon in unserer Kindheit in den Kopf gesetzt. Allerdings haben sich die Zeiten geändert.

Wir leben in einer Welt des Wandels. Die Zeiten sind geprägt von Schnelllebigkeit und Unsicherheit. Viele Beziehungen sind instabil. Paare trennen sich so schnell, wie sie sich kennengelernt haben. Der Reiz des Neuen ist zu groß und zu verlockend. Wozu gibt es schließlich »WhatsApp«, »50 Shades of Grey« und »C-Date«? Diese drei Dinge sagen, wie es um unsere Generation wirklich steht und wo unsere wahren Prioritäten liegen. Schlimmer geht's wirklich nicht mehr, oder? Mama und Papa sind garantiert schuld an dem Desaster, indem sie uns allzu sehr verwöhnten. Deswegen langweilen wir uns immer so schnell. Darüber hinaus sind wir ständig auf der Suche nach einem neuen Job. Denn wir sind die Generation »Rausschmiss«. Wir buckeln uns ab und werden zum Dank gefeuert. Da wir aber gerne passiv und träge sind, lassen wir das alles widerstandslos über uns ergehen. Umstrukturierungen gehören zum Tagesgeschäft und bedeuten Kosteneinsparungen durch Personalabbau. Da wir schnell unsere Jobs verlieren, kann es passieren, dass wir in eine neue Stadt umziehen müssen. In diesem Fall wird ein Häuschen im Grünen zu einem teuren Klotz am Bein. Man lebt dann unter der Woche zur Miete in der Nähe der Firma. Am Wochenende hingegen fährt man stundenlang zurück zum idyllischen Eigenheim, dessen Kreditrate bald wieder fällig ist. Man verweilt dort bis Montag früh, um dann zur Tretmühle in der Ferne zurückzukehren. Somit ist man immer auf dem Sprung und verbringt mehr Zeit auf der Straße und im Job als mit seinem Partner. Sobald sich der Partner plötzlich trennt und die Kinder ausziehen, sitzt man schnell arm und einsam in leeren riesigen Hallen im idyllischen Häuschen im Grünen.

## Durchdenken wir alles zunächst Schritt für Schritt

In der Wirtschaft gilt Sparen als schädlich, denn die Sparer geben weniger Geld beim Shoppen aus und horten es daheim unter dem Kopfkissen. Dadurch bricht die Nachfrage ein. Die Industrie erhält weniger Geld zum Investieren und die Nachfrage geht weiter zurück. Diese Abwärtsspirale setzt sich fort, bis es zu Maßnahmen wie Entlassungen und Einstellungsstopps kommt. Dann erzeugt der Staat eine Nachfrage, um das Dilemma zu stoppen. Es wird mehr Geld in die Wirtschaft gepumpt, um das Wachstum anzukurbeln. Die beste Voraussetzung zur Inflationsbeschleunigung wird damit geschaffen. Was Inflation bedeutet, erfahrt ihr spielerisch auf dieser Seite: http://bit.ly/1kNSj8W.

Bei der derzeitigen Niedrigzinsphase ist die Entwicklung sogar besonders beunruhigend. Die Preise steigen zwar durch den Rückgang beim Ölpreis nicht mehr ganz so stark, aber Geld verliert dennoch immer mehr an Wert. Die Zinsen sinken gegen null Prozent. Man flüchtet in Sachwerte, um der Geldentwertung zu entkommen. Damit sind wir an der Stelle, wo es spannend wird. Es geht um Sachwerte, genauer gesagt um Immobilien. In eurem Portfolio sind sie eine abwechslungsreiche Ergänzung. Ihr müsst euch zunächst überlegen, ob ihr euch so ein Investment zutraut. Kauft ihr zur richtigen Zeit in der richtigen Stadt eine Wohnung, verhilft sie euch zu Reichtum. Erstens steigt ihr Wert pro Quadratmeter und zweitens erhaltet ihr regelmäßige Mieteinnahmen.

### Aufgepasst: das Timing muss stimmen

Euer Portfolio sollte stets ausgeglichen sein. Da jeder Mensch unterschiedlich ist, müssen wir zunächst herausfinden, ob für euch ein Immobilienkauf überhaupt in Frage kommt. Außerdem ist ein Immobilienkauf nicht in jeder Stadt sinnvoll. Ihr müsst bei der Auswahl in der Lage sein, rational und nicht emotional zu denken. Damit meine ich, dass es bei der Vermietung nicht um eure Vorlieben geht, sondern um die eurer potenziellen Mieter. In vielen Städten hat sich bereits eine Preisblase gebildet. Vor 30 Jahren kostete beispielsweise eine Münchener Ein-Zimmer-Wohnung in mittlerer Lage ca. 60.000 Euro. Für die gleiche Bruchbude zahlt man inzwischen das Drei- bis Vierfache. München ist voller überteuerter Objekte. Die wenigsten Immobilien sind dort ordentlich instandgehalten. Wieso auch? Es mangelt ja nicht an Mietinteressenten. Diese erniedrigt man nicht nur mit Horror-Mieten, sondern auch mit übertriebenen Anforderungen. Wer Kinder oder Haustiere hat, ist nicht willkommen und scheidet als Mietkandidat aus. Mit aufwendigen Bewerbungen und Offenlegung aller persönlichen Daten inklusive der eigenen finanziellen Verhältnisse muss man als Mieter in dieser Stadt darum betteln, eine Wohnung zu erhalten. Ich selbst lebe in einem Ein-Zimmer-Bunker für monatlich ca. 800 Euro zur Miete. Es ist mir ein Rätsel, wo das noch alles hinführen soll. Irgendein Gierschlund versucht mich mit einer ständig steigenden Mietrate finanziell auszubluten, damit ich ihn immer reicher mache. Auf meine Kosten führt er das entspannte Leben eines Faultiers. Ich freue mich, dass ich ihm dabei behilflich sein darf!

In Münchens Zentrum sind die Mieten längst explodiert und haben den Otto Normalverbraucher an den Stadtrand verjagt. Der coole Businesskasper hingegen ist gefragt, denn er kann sich eine teure Mietwohnung leisten. Immerhin hat er dann in seinem tristen Büroalltag etwas zum Angeben. Für Geringverdiener, wie Bäcker und U-Bahn-Fahrer, gibt es in München allerdings keinen bezahlbaren Wohnraum. Wer überleben will, muss raus aus dieser Stadt! Eine Druckwelle rast aktuell in die bislang noch nicht völlig überteuerten Außengebiete Münchens, und überrascht dort die armen Geringverdiener mit Horrormietpreisen. Es wird auch hier finanziell eng für Kleinverdiener und die Mittelschicht. Während man in Städten wie Dresden und Leipzig eine Kaltmiete von fünf bis sechs Euro pro Quadratmeter in einer guten Lage zahlt, ist München im Schnitt bei 15,65 Euro angekommen. Bei kleinen Wohnungen mit weniger als 45 Quadratmeter zahlt man sogar im Schnitt 19,75 Euro pro Quadrat-meter. In Münchens Stadtteil Sendling bewegt sich der Quadratmetermietpreis in Richtung 18 Euro und in West-Schwabing zahlen Mieter 21 Euro und mehr pro Quadratmeter. Die Mietpreise der einzelnen Münchener Stadtgebiete findet ihr in der TZ-Ausgabe vom 20. Februar 2015 sowie im Internet unter www.tz.de.

Das genannte Beispiel zeigt eine durch Gier ausgelöste Preisblase. Denn: Geld macht gierig. Gier ist schlecht, denn sie treibt die Preise in die Höhe in der Hoffnung auf ständig steigende Gewinne. Schnell spricht es sich herum, dass man mit Immobilien viel Geld verdienen kann. Niemand glaubt auch nur eine Sekunde daran, dass Preise auch fallen können. Vor allem Luxusimmobilien versprechen hohe Gewinnmargen und lösen einen Bauboom aus. Damit steigen die Preise und das Kreditvergabevolumen. Der Markt wird immer intransparenter, auch was Makler betrifft. Sie kreisen wie die Geier vor den Hauseingängen und denken an nichts anderes als an ihre dicken Provisionen. Die Preisblase erkennt ihr deutlich daran, dass plötzlich auch die Boulevardpresse versucht, eure Leidenschaft für Immobilien zu wecken. Mit heißen Überschriften zu Immobilienthemen überzeugt sie einfach jeden. Jede Luxus-und Rumpelbude verkauft sich binnen weniger Sekunden. Die Gier wird immer größer. Jeder will etwas vom Kuchen abhaben. Endlich gibt's etwas zu gewinnen! Es heißt, die Preise dürften auch in Zukunft steigen. Die TZ Ausgabe vom 20. Februar 2015 schreibt von einem anhaltenden Aufwärtstrend. Ich frage mich, wie es zu dieser Aussage kommt. Es scheint aber niemand außer mir daran zu zweifeln. Es kaufen sogar diejenigen, die es sich gar nicht leisten können. Kredite machen es möglich. Alle wollen kaufen und verhalten sich gleich. Wie die Lemminge stürzen sie sich in ihr Unglück und kaufen überteuerte Immobilien. Die Gier macht's noch schlimmer, denn niemand hinterfragt die hohen Preise. Warnsignale werden ignoriert. Fehlanreize werden gesetzt.

Überall wird gebaut. Es entstehen viele neue, teure Wohnungen. Das führt zu Fehlentscheidungen. Ob sich diese teuren Wohnungen allerdings noch jemand in Zukunft leisten kann, blendet man aus.

Irgendwann kommt es schließlich zu einem Überangebot. Leerstand droht. Sobald die Zinsen steigen, werden die Kreditraten plötzlich für viele Menschen unbezahlbar. Es kommt zum Massenverkauf. Mit steigenden Zinsen werden plötzlich ganz andere Anlageformen wieder lukrativ. Immobilien will dann niemand mehr. Alle wollen verkaufen. Wieder rennt die Masse los, nur diesmal in eine komplett andere Richtung. Wieder verhalten sich alle gleich. Die Blase platzt. Die Preise stürzen in den Keller. Ihr glaubt nicht, wie tief solche Preise fallen können, sobald es zu einer Panik auf den Märkten kommt. Die Gier ist verschwunden, ersetzt durch Angst. Plötzlich wird alles Riskante verteufelt. Sicherheitsdenken vertreibt Vernunftdenken. Jetzt wäre ein Immobilienkauf sinnvoll. Die Preise sind bereinigt und nicht verzerrt. Doch die meisten Leute sind jetzt pleite. Ihr einstiger Schatz wurde zu einem riesigen Verlustgeschäft. Während sie zu Höchstpreisen kauften, sind sie nun gezwungen, zu Niedrigpreisen zu verkaufen. Noch Jahrzehnte müssen sie versuchen, die hohen Restschulden zu tilgen. Ihr findet dieses Szenario lustig, oder?»Immerhin sind sie doch selbst schuld an ihrem Dilemma«, denkt ihr vielleicht. Die meisten Leute kaufen jedoch erst, wenn sich bereits eine Blase gebildet hat, die kurz vorm Platzen ist. Deshalb ist es immer wichtig zu wissen, wo sich der Markt gerade befindet. Zu leicht lässt man sich andernfalls von den Massenmedien und unseriösen Maklern beeinflussen.

### Kauft immer zur richtigen Zeit – meidet Preisblasen!

Gibt es Anzeichen für eine Blase, heißt es: Finger weg! Eine Preisblase erkennt man unter anderem daran, dass die Mietrenditen immer tiefer sinken. Man setzt dabei die Nettomieteinnahmen zum Kaufpreis ins Verhältnis. Bei einem hohen Kaufpreis sinkt die Mietrendite. Vier Prozent sollten nicht unterschritten werden, denn die Kredite werden sonst nicht mehr durch die Mieteinnahmen gedeckt. Ein weiterer Indikator für eine Blase ist der Quadratmeterpreis. Dieser sollte nicht über dem eines Neubaus liegen. Merkt euch als Faustregel 2.000 Euro pro Quadratmeter für einen durchschnittlichen Neubau. Kauft ihr in einer wirtschaftlich starken Stadt ein sehr gut erhaltenes Objekt zu diesem Quadratmeterpreis, macht ihr ein gutes Geschäft. Pro Quadratmeter zahlte ich für meine erste Leipziger Immobilie in guter Lage 1.300 Euro. Zwei Jahre später zahlte ich für ein weiteres Objekt in der gleichen Gegend einen Quadratmeterpreis in Höhe von 1.740 Euro. Die Wertsteigerung von Immobilien beschert euch positive Überraschungen, wenn ihr zur richtigen Zeit kauft. Genau das macht Immobilien so attraktiv. Übersteigt der Preis pro Quadratmeter allerdings 4.000 Euro, ist das ein Warnsignal. In München tendiert die aktuelle Preisentwicklung bei den Eigentumswohnungen gegen 5.590 Euro pro Quadratmeter. Wer hier ein Schnäppchen sucht, muss sich noch etwas gedulden.

### Unterschätzt niemals den bürokratischen Aufwand!

Immobilien befinden sich zwar in meinem Portfolio, allerdings habe ich festgestellt, dass meine wahre Leidenschaft den Aktien gehört. Gründe dafür gibt es viele. Bei Immobilien nervt mich beispielsweise der hohe bürokratische Aufwand. Man muss sehr aktiv sein und sich dabei um verschiedene Dinge gleichzeitig kümmern. Zunächst analysiert man den Immobilienmarkt und dessen Preisentwicklung, sucht einen geeigneten Makler und lässt Dokumente wie die Grundschuldbestellung notariell beurkunden. Darüber hinaus kümmert man sich um eine Baufinanzierung und sucht neben einer geeigneten Immobilienverwaltung einen Mieter. Ich habe all meine Immobilienkäufe über einen Makler abgewickelt, denn es fällt mir leichter, wenn mich jemand in der Kaufphase unterstützt. Mein Makler besitzt selbst viele Immobilien und kennt sich bestens damit aus. Ein guter Makler zeichnet sich durch eigene Immobilien aus. Es ist immer von Vorteil, einen Experten an seiner Seite zu haben. Bevor ihr euch auf die Suche nach eurem ersten Objekt begebt, ist es wichtig, die eigene Finanzlage zu prüfen. Behaltet dabei stets die Schuldenfaustregel im Hinterkopf. Beim Kauf einer Immobilie ist es ratsam, mindestens 25 Prozent, besser 50 Prozent Eigenkapital vorzuweisen. Wenn die Immobilie 100.000 Euro kostet und ihr sie vollfinanziert, sollte euer Vermögen im Idealfall die Hälfte betragen. Auch wenn eure Mieter die Kreditraten durch die Miete decken, beugt ihr dadurch unvorhergesehenen Ereignissen vor. Mieterwechsel oder plötzlich anfallende Reparaturen bringen euch dann nicht aus der Ruhe.

## 10 Regeln für gute Immobilien-Investments

Ihr wisst nun, was auf euch zukommt, und habt trotzdem die Lust auf ein Immobilien-Investment nicht verloren? Dann sorgt mit den folgenden 10 Regeln auch dafür, dass nichts schiefgeht.

### REGEL NUMMER 1

Überschuldet euch nicht! Das Verhältnis sollte 1:2 betragen. Einem Euro Schulden stehen zwei Euro Vermögen gegenüber. Je mehr ihr auf der hohen Kante habt, desto besser.

### REGEL NUMMER 2

Wohnt zur Miete, um im Leben flexibel zu bleiben. Einen neuen Job findet ihr viel schneller, wenn ihr problemlos in eine andere Stadt umziehen könnt. Kommen Kinder hinzu, mietet ihr eine größere Wohnung an, und wenn sie das Haus eines Tages verlassen, sucht ihr euch wieder eine kleinere Wohnung.

### REGEL NUMMER 3

Generiert Cashflow durch die Vermietung eurer Immobilie. Die Mietrendite muss stimmen. Liegt sie in mittleren Lagen unter vier Prozent, ergibt ein Kauf keinen Sinn. Der Quadratmeterpreis gibt Aufschluss über eine mögliche Blase. Setzt den Preis einer nicht baufälligen Immobilie in guter Lage in Relation zum Neubau-Quadratmeterpreis, da auch das Grundstück einen Wert hat. Ab 4.000 Euro pro Quadratmeter ist der Preis relativ hoch. Vorsicht ist geboten! Glück und Leid liegen hier nah beieinander.

### REGEL NUMMER 4

Kauft zum richtigen Zeitpunkt. Sobald Immobilienkäufe Kaffeefahrten gleichen, bei denen man Leute massenweise mit Bussen zu den Objekten bringt, ist der Zeitpunkt für einen Kauf denkbar schlecht. Bilden sich bei Besichtigungsterminen lange Schlangen, solltet ihr gleich wieder umkehren.

## REGEL NUMMER 5

Macht eure Hausaufgaben. Vor einem Immobilienkauf müsst ihr die Stadt genau kennen, in der eure Immobilie steht. Wächst die Stadt? Gibt es einen Flughafen? Wird die Infrastruktur ausgebaut? Verlagern große Firmen ihren Sitz in die Stadt? Das sind alles Zeichen für nachhaltiges Wachstum. Sobald ihr euch einen guten Überblick verschafft habt, beginnt ihr damit, euren Makler zu löchern. Fragt, so viel ihr könnt. Dabei erkennt ihr, ob es sich um einen wahren Experten handelt. Gibt er utopische Antworten, indem er euch horrende Mietsteigerungen prophezeit, sucht ihr euch schnell einen anderen. Aktuell versuchen viele unseriöse Makler ihren Kunden teure Neubauten in Ostdeutschland zu verkaufen. Leichtgläubig lassen sich diese zu einem Kauf verleiten, ohne den Markt zu kennen. Blind vertrauen sie ihrem Makler und den eigenen Vorlieben. Hätten sie ihre Hausaufgaben gemacht, würden sie wissen, dass in Städten wie Berlin und Leipzig eine hohe Nachfrage nach günstigen Wohnungen besteht. Armselige Ein-Zimmer-Wohnungen wie in München will hier niemand. Der Mieter ist dort König. Versucht bloß nicht, ihn zu misshandeln, indem ihr ihn zwingt, sich für eine Mietwohnung mit einem separaten Anschreiben zu bewerben oder seine Gehaltszettel der letzten drei Jahre vorzulegen. Diese Städte sind voller Studenten, Hartz-IV-Empfänger und Rentner. Sie bestimmen das Mietpreisniveau, nicht ihr. Eine Preiserhöhung verzeiht euch dort niemand. Setzt man die Miete zu hoch an, droht Leerstand. Exklusive Neubauten sind in der Regel teurer als Altbauwohnungen. In München haben allerdings die Preise von Altbauwohnungen die der Neubauten überholt. Beim Neubauobjekt werden hier im Schnitt 16,65 Euro pro Quadratmeter fällig. Für Altbauten zahlt man im Durchschnitt 17,55 Euro. Die hohen Preise mindern allerdings die Mietrendite. Exklusivität ist zwar schön, bringt aber schnell Probleme. Man findet weniger Mietinteressenten. Außerdem steigen die Ansprüche der Mieter mit dem Kaufpreis. Der Spaßfaktor sinkt dadurch für jeden Vermieter.

## REGEL NUMMER 6

Denkt lokal. Findet heraus, in welchen Wohnungen die Mieter in der jeweiligen Stadt bevorzugt wohnen. Wie viele Studenten leben in der Stadt? Gibt es dort viele Rentner? Dadurch bekommt ihr ein Bild über die Einkommenssituation der Menschen vor Ort. Über »Immobilienscout 24« recherchiert ihr die Mieten in der entsprechenden Lage und rechnet anschließend die Mietrendite aus. Bleibt realistisch. Als Vermieter habt ihr zudem eine große Verantwortung gegenüber den Mietern. Ein gieriges Verhalten wird schnell bestraft. Risiken beim Vermieten sind nicht nur Mietnomaden, sondern auch Leerstand.

## REGEL NUMMER 7

Ein- bis Zwei-Zimmer-Wohnungen sind in guten Lagen immer gefragt. In Ostdeutschland würde ich generell vom Kauf einer Ein-Zimmer-Wohnung abraten. Bevor ihr euch mit überteuerten Neubauten in Top-Lage eindeckt, macht es Sinn, eine günstige Altbauwohnung in guter Lage im Stadtzentrum zu suchen. Die Faustregel besagt: Je exklusiver die Lage und Immobilie, desto anstrengender und nerviger die Mieter. Viel Spaß, solltet ihr bereits in eine Luxusimmobilie investiert haben!

## REGEL NUMMER 8

Ein Kauf zur Eigennutzung ist nur sinnvoll bei guter Lage und Finanzierungskosten, die unter der Vergleichsmiete liegen. Das ist selten der Fall. Die derzeitig günstigen Zinsen können es zwar für einen gewissen Zeitraum möglich machen, eine Zinsanhebung kann das aber schnell wieder ändern.

## REGEL NUMMER 9

Eine Vollfinanzierung ist bei vermieteten Objekten durchaus sinnvoll. Auf das Kaufbeispiel der 100.000 Euro-Immobilie bezogen, zahlt ihr dann ca. 10.000 Euro aus eigenen Mitteln und den Rest finanziert ihr voll. Euer finanzielles Eigenkapital-Back-up sollte ca. 50.000 Euro betragen. Bei Eigennutzung sollte man maximale Eigenmittel aufbringen, um teure Kredite zu vermeiden. Bei Eigengebrauch kann man allerdings auch keine Zinsen und Sonderabschreibungen steuerlich absetzen. Schnell macht man sich mit dem Kauf eines selbst genutzten Eigenheims in schlechter Lage finanziell verwundbar. Man ist damit unflexibel und bindet sich einen Schuldenberg ans Bein. Ich selbst wohne zur Miete und sobald ich durch einen Jobwechsel umziehen muss, suche ich mir eine neue Bleibe. Mein Aufwand ist minimal und ich kann mir je nach Situation eine kleine oder große Wohnung anmieten. Das macht es spannend und sehr abwechslungsreich. Ich muss nicht immer in der gleichen Wohnung herumsitzen und ein langweiliges Leben führen. Ein Wohnungswechsel kann manchmal genauso aufregend sein wie ein neuer Mann. Denkt mal darüber nach! Man muss nicht alles den anderen nachmachen und sich für ein blödes Haus in der Pampa und angeblich hochwertige Möbel lebenslänglich im Hamsterrad eines Angestellten abstrampeln.

Die meisten Menschen glauben leider, mit ihrer Immobilie auf einem Schatz zu sitzen und ruhen sich darauf aus. Über sinnvolle Investments denken sie dann nicht mehr nach. Sie sind regelrecht von ihrem Eigenheim besessen. Genau genommen lassen sie sich von ihm besitzen, indem sie hart dafür arbeiten. Denn: Jeden Monat müssen sie die Bankraten über viele Jahre zahlen. Für einen schönen Urlaub oder lukrative Investments bleibt kein Geld mehr übrig. Bitte tut mir den Gefallen und macht es anders! Ihr lasst euren Besitz für euch arbeiten und regelmäßige Einnahmen generieren. Ihr lehnt euch dabei entspannt zurück und genießt euer Leben in vollen Zügen. Es macht übrigens dann noch mehr Spaß, sich mit der langweiligen Masse zu vergleichen. Schaut genau in ihre verärgerten Gesichter. Am besten macht ihr das bei einer Tasse Kaffee im IKEA. Dort findet ihr sie täglich auf der Suche nach dem nächsten besonderen Möbelstück für ihr schönes, in der Peripherie gelegenes Eigenheim. Achtet dort bitte auf die Paare. Man kann schnell feststellen, in welcher Beziehungsphase sie sich gerade befinden. Phase 1 ist gekennzeichnet durch Händchen halten und freudestrahlende Gesichter. In Phase 2 gehen beide schon wieder ihren eigenen Weg durch das Möbelhaus und in Phase 3 sieht man dem Mann an, dass es für ihn eine Strafe ist, mit ihr dort einzukaufen. Er leidet, und man leidet mit ihm, sobald man seinen Gesichtsausdruck sieht. Während ihr dem Geschehen folgt und euch amüsiert, könnt ihr euch schon auf eure nächsten Mieteinnahmen freuen. Ihr wisst, dass nicht euer Besitz euer Leben diktiert und dass ihr alles richtig macht!

Ich hoffe, ihr freut euch schon auf den Tag X, an dem ihr eure erste Immobilie erwerbt. Es fühlt sich jedenfalls gut an. Ihr gebt jemandem ein Zuhause, und er gibt euch dafür Geld und zahlt euren Kredit ab. Ich hoffe, ihr behandelt eure Mieter stets anständig und werdet nicht zu gierigen Vermietern, wie man sie in München und anderen Metropolen vorfindet. Gier war noch nie gut und wird in der Regel irgendwann bestraft. Behandelt eure Mieter wie eure Angestellten. Seid gut zu ihnen, und sie werden es euch danken.

## REGEL NUMMER 10

Kauft nie ohne eine Exit-Strategie. Wer kauft, sollte wissen, unter welchen Voraussetzungen ein Verkauf sinnvoll ist. Das ist einfacher gesagt als getan. Ein Immobilienkauf muss genauso nüchtern betrachtet werden, wie der Kauf eines Bustickets. Emotionen sind gefährlich und haben im Immobiliengeschäft nichts zu suchen. Haltet zunächst das Objekt für zehn Jahre, um die Steuerlast bei Verkauf auszuschließen. Denn die Verkaufsgewinne bleiben steuerfrei, wenn das Objekt mindestens zehn Jahre lang euch gehört hat. Legt darüber hinaus bestimmte Regeln als Wegweiser für den Ausstieg fest. Meine persönlichen Verkaufssignale sind Indikatoren wie eine zu geringe Mietrendite von unter drei Prozent, ein sinkendes Mietpreisniveau bei steigenden Betriebskosten oder eine deutlich erkennbare Immobilienblase. Ein Indiz dafür ist der beachtliche Preisanstieg pro Quadrat-meter. Verkauft ihr rechtzeitig, wartet auf euch das Geschäft eu-res Lebens. Bei einer Blasenbildung schießen die Preise so weit in die Höhe, dass man locker das Doppelte bis Dreifache des selbst gezahlten Kaufpreises fordern kann. Da man nie weiß, wann die Blase platzt und die Preise wieder in den Keller gehen, sollte man nicht zu lange mit dem Verkauf warten. Spätestens alle zehn Jahre solltet ihr prüfen, wie viel eure Immobilie wert ist und in welcher Phase sich der Markt befindet. Risse am Dachstuhl sind Anzeichen für anstehende, teure Baumaßnahmen. Firmenschlie-ßungen sind Alarmsignale für bevorstehende Abwanderungen und Leerstand. Dann heißt es: Weg mit der Immobilie. Verkauft, bevor es teuer wird!

## Fremdfinanzierung ist besser als ihr Ruf

Zunächst betrachten wir die Vorzüge der Vermietung von Immobilien. Neben monatlichem Cashflow erhaltet ihr steuerliche Vorteile bei der Fremdfinanzierung. Ein Hypothekenkredit ist hervorragend für den Immobilienkauf geeignet, insofern ihr die Immobilie nicht selbst nutzt. Die Hypotheken im Vergleich gibt's hier: http://hypotheken.fmh.de/rechner/fmh2/.

Zunächst schrecken die meisten Menschen davor zurück, eine Vollfinanzierung in Erwägung zu ziehen. Schulden machen ihnen Angst. Sie sind aber im Rahmen solcher Investments aus mehreren Gründen sinnvoll. Eigenkapital wird gegenüber Fremdkapital steuerlich diskriminiert, denn man kann es nicht als Aufwand geltend machen. Angenommen, ihr gebt euer gesamtes Geld für den Kauf einer Immobilie aus, dann habt ihr zwar keine Schulden, aber auch kein Geld mehr übrig. Ihr fangt wieder bei null an und wartet darauf, bis ihr genug Geld zum Investieren zusammen habt. Ihr verschwendet dabei nicht nur kostbare Zeit, sondern verpasst auch Renditechancen, während ihr euer Ziel aus den Augen verliert. Je mehr Zeit ihr mit Nichtstun verbringt, desto schwieriger wird es, dem Hamsterrad zu entkommen. Indem ihr einer Immobilienfinanzierung aus dem Weg geht, folgt ihr euren Emotionen, geleitet von Angst. Euer Verstand fordert Sicherheit. Ihr seid wie blockiert. Wählt ihr Sicherheit, entscheidet ihr euch automatisch für ein Leben im Hamsterrad. Ihr müsst lernen, eure Angst zu steuern und Risiken als Chance auf finanzielle Freiheit zu betrachten. Auch ich habe Angst vor Fehlentscheidungen. Jedoch habe ich gelernt, sie zu nutzen, indem ich mich nicht von ihr lähmen lasse. Ich bin durch sie vorsichtiger und recherchiere genau, bevor ich mich für ein Investment entscheide. Dabei rechne ich immer mit dem Schlimmsten. Ich lege eine Exit-Strategie fest, mit der ich flexibel reagieren kann. Falls Situation X eintritt, kaufe ich. Falls Situation Y eintritt, verkaufe ich.

## Immobilien sind nichts für Angsthasen

Wie könnte ich den Kauf meiner ersten Wohnung vergessen? Noch heute erinnere ich mich an den Tag, an dem ich den Kreditvertrag unterschrieb. Meine Euphorie war gepaart mit vielen Selbstzweifeln. Was, wenn es ein Fehler war? Zudem warnten mich Freunde und Bekannte vor Mietnomaden. Nicht einer von ihnen besaß allerdings ein eigenes Objekt, das er oder sie vermietete. »Die Mieter werden alles kaputt machen«, warnten sie mich. Das Resultat meiner Unsicherheit war katastrophal. Ich konnte nachts kaum schlafen. Jeden Tag quälten mich Zweifel. War meine Kaufentscheidung richtig oder falsch? Meine Angst war groß und ohne meinen Makler hätte ich wahrscheinlich einen Rückzieher gemacht. Da er aber schon lange im Geschäft war und selbst einige Objekte besaß, war ich überzeugt, dass ich von seiner Erfahrung aus dem Immobiliengeschäft profitieren konnte. Seine Leidenschaft für Immobilien erinnerte mich an meine fürs Aktiengeschäft. Zudem hatte ich meine Hausaufgaben gemacht und mir die Mietpreise der Gegend im Internet angesehen. Der Makler bestätigte mir den Preis und half mir bei der Suche nach einer geeigneten Finanzierung. Er war bestens vernetzt. Einen passenden Makler erkennt ihr übrigens daran, dass er ein umfangreiches Wissen aufweist und selbst in der jeweiligen Stadt Objekte besitzt. Er kann euch hervorragend bei der Festsetzung des Mietpreises und auch in anderen Mietangelegenheiten beraten. Fragt ihn, so viel ihr könnt. Erst dann wisst ihr, ob es sich um einen Experten handelt. Testet ihn, indem ihr zuvor die Mieten bei »Immobilienscout 24« recherchiert. In der heutigen Zeit sind die Preise so transparent wie nie zu vor. Das Internet macht's möglich! Wer gerne aktiv ist und keine Angst vor bürokratischem Papierkram hat, sollte über einen Immobilienkauf nachdenken. Zunächst empfehle ich das Buch »Immobilien für Dummies«. Erst nach intensivem Abwägen findet ihr heraus, ob ihr ein Immobilien-Imperium errichten möchtet. Fragt Bekannte und Freunde, ob sie bereits Immobilien besitzen. Hierdurch findet ihr ganz einfach einen Makler, denn über Empfehlungen stößt man auf die wahren Experten. Schlechte Leute empfiehlt niemand weiter. Das Besondere an Immobilien ist der monatliche Cashflow. Bei Aktien sind das Dividenden, bei Immobilien sind es regelmäßige Mieteinnahmen. Wichtig ist, dass euer Cashflow positiv sein muss. Sonst lohnt sich das Investment nicht. Die Mietrendite muss zudem stimmen. Unter vier Prozent wird es kritisch. Diese Schwelle sollte nicht unterschritten werden. Die Mietrendite ermittelt ihr, wie folgt. Sie berechnet sich aus dem Kaufpreis und den Einnahmen.

Die Formel lautet:

Mietrendite in Prozent=
(Jahresnettomiete x 100 Prozent) ÷ Kaufpreis

Die Jahresnettomiete ist die Jahresmiete nach Abzug aller laufenden Kosten (Mietausfallwagnis, Instandhaltungsrücklage, Abschreibung, Verwaltungskosten)

Der Kaufpreis ist Kaufpreis inkl. aller Erwerbsnebenkosten (Kaufnebenkosten)

**Beispiel:**
Ihr kauft eine 100 Quadratmeter große Wohnung für 90.000 Euro. Hinzu kommen weitere 10.000 Euro an Nebenkosten (Makler, Grunderwerbsteuer, Notar).

Das ergibt einen Kaufpreis von 100.000 Euro.

Der Mieter zahlt 500 Euro Kaltmiete.

Das ergibt 5 Euro pro Quadratmeter und
6.000 Euro im Jahr

## DIE LAUFENDEN KOSTEN BETRAGEN:

– 240 Euro pro Jahr für die Hausverwaltung (Nebenkosten-abrechnung, Handwerker beauftragen)

– 2 Prozent MAW = 120 Euro (Mietausfallwagnis) in Relation zur Jahresmiete

– Instandhaltung = ca. 6 Euro pro Quadratmeter und Jahr = 600 Euro (dadurch bilden wir Rücklagen für Reparaturen, Reno-vierungen)

– 2 Prozent Abschreibung (AfA) = 2.000 Euro in Relation zum Kaufpreis (wir geben unserer Wohnungen noch eine Lebens-zeit von 50 Jahren und nehmen an, dass sie jedes Jahr 2 Pro-zent an Wert verliert.)

### Von der Jahresmiete zieht ihr nun diese Kosten ab:

✓ 6.000 Euro

✓ 240 Euro (Verwaltung)

✓ 120 Euro (MAW)

✓ 600 (Instandhaltung)

✓ 2.000 Euro (AfA)

= 3.040 Euro Jahresnettomiete

Jedes Jahr bleiben euch 3.040 Euro übrig. Jetzt berechnen wir die Rendite:

**Mietrendite = (Jahresnettomiete x 100) ÷ Kaufpreis**

Mietrendite = (3.040 Euro x 100 Prozent) ÷
100.000 Euro = 3,04 Prozent

3,04 Prozent sind keine besonders prickelnde Rendite.

Wenn man die großen Posten der laufenden Kosten (inklusive Abschreibung) nicht einberechnet, kommt man auf eine Rendite von 6 Prozent. Das sieht zwar schöner aus, aber ein lukratives Geschäft ist es nicht.

Die Grundregeln lauten:

– Je besser die Lage der Immobilie, desto niedriger die Rendite bei einem niedrigen Leerstandrisiko.

– Je schlechter die Lage, desto höher die Mietrendite bei einem hohen Leerstands- oder Mietausfallrisiko.

– Je niedriger der Kaufpreis, desto höher die Mietrendite.

– Je höher der Kaufpreis, desto niedriger die Rendite.

– Je höher die Miete, desto höher die Rendite.

– Je niedriger die Mieteinnahmen, desto niedriger die Mietrendite.

Nachdem euer Darlehen abbezahlt ist, bekommt Cashflow eine ganz neue Bedeutung. Sobald eure Mieteinnahmen eure monatlichen Ausgaben übersteigen, seid ihr finanziell unabhängig. Ihr müsst dann nicht mehr für Geld arbeiten, sondern lasst euer Investment die Arbeit leisten.

Die Cashflow-Berechnung bei Immobilien ist ganz einfach. Sie lautet:

Mieteinnahmen - Ausgaben - Kreditrate = Cashflow

**Aufgabe 6: Berechnet die Rendite (den ROI) eines Mietobjekts**
Euer Kapitaleinsatz beläuft sich auf 100.000 Euro. Ihr investiert das Geld in eine wunderschöne Berliner Zwei-Zimmer-Wohnung. Eure Eigenmittel betragen 20 Prozent, also 20.000 Euro. Jeden Monat beträgt euer Cashflow 200 Euro. Aufs Jahr gerechnet macht das 2.400 Euro an Cashflow.

Ihr möchtet wissen, wie hart euer Geld für euch arbeitet. Wie hoch ist der sogenannte Cash-On-Cash Return on Investment, **ROI**?

ROI = Gewinn : eingesetztes Gesamtkapital

Bitte beachtet, dass ihr den Kapitaleinsatz zugrunde legt, also 2.400 Euro mit 20.000 Euro in Relation setzt. Als Ergebnis erhaltet ihr 12 Prozent Cash-on-Cash-ROI. Nicht schlecht, oder? Gewöhnt euch an, all eure Investments zu bewerten, indem ihr den ROI ermittelt. Dadurch erhaltet ihr einen Überblick, welche Investments ihr gegebenenfalls durch andere ersetzen solltet.

## Ein abschließender Gedanke

Ich hoffe, ihr teilt meine Meinung, dass Geld zu einem glücklichen Leben dazugehört und dass man endlich darüber reden soll! Schließlich geht ohne das nötige Kleingeld rein gar nichts. Das Leben wird ohne Geld schnell zum Albtraum. Ich hoffe, dass es bald viele weibliche Investoren gibt, die es schaffen, sich ihre Freiheit zurückzuholen. Investiert in ein Leben, in dem ihr allein die Regie führt. Lebt euer Leben genauso, wie ihr es euch vorstellt. Das ist ein Aufruf an alle Frauen:

**WERDET ENDLICH REICH!**

# Teil 4 –
# Selfmade: UNTERnehmen,
# nicht ÜBERgeben

*»Ohne Leidenschaft hat man keine Energie.
Ohne Energie hat man nichts.«*

Donald Trump, US amerikanischer Immobilien-Tycoon und Buchautor

# Vom Unternehmer zum Millionär

*Habe ich eure Leidenschaft für noch mehr Geld geweckt?*

*Ihr seid bestimmt schon gespannt, wie es jetzt weitergeht?*

*Dann lasst euch überraschen, was euch in diesem Kapitel erwartet.*

## Das 100.000-Euro-plus-Ziel

Im diesem Abschnitt möchte ich euch interessante Leute vorstellen, die mich inspirieren, mein Leben selbst in die Hand zu nehmen. Dank ihnen möchte auch ich meine Zukunft proaktiv gestalten, denn ihr Ehrgeiz und Optimismus sind irgendwie ansteckend. Ihr möchtet wissen, was diese Menschen so besonders macht? Sie geben immer Vollgas ohne Rücksicht darauf, was andere über sie denken. Das macht sie einzigartig. Ihr stark ausgeprägter Fokus auf ein ganz bestimmtes Ziel gibt ihnen magische Fähigkeiten: Was auch passiert, sie denken einfach positiv und verlieren ihr Ziel niemals aus den Augen. Hürden stellen für sie eine Herausforderung dar, die ihrem Leben Abwechslung und Spannung schenkt. Ihr extrem ausgeprägter Drang, an ihrem Ziel anzukommen, macht sie zu rastlosen Durchstartern. Sie sind irgendwie anders. Man hört sie niemals jammern oder lästern, denn sie sind die Ansporner. Andere Leute ziehen sie nicht runter. Wozu auch? Viel lieber beschäftigen sie sich damit, sich zu verbessern. Ihr Enthusiasmus verleiht ihnen Macht über ihr Umfeld, indem er ihnen eine mysteriöse Ausstrahlung verleiht. Ihre Euphorie ist grenzenlos. Ständig reden sie von ihrer Vision. Sie gibt ihrem Leben einen Sinn. Ihre Arbeit nennen sie ihr Lieblingshobby. So etwas wie Stillstand kennen sie nicht. So etwas wollen sie auch gar nicht.

All das macht vielen Leuten irgendwie Angst: Denn es wirkt bedrohlich, wenn es Menschen gibt, die ihr Ziel kennen und alles daran setzen, es zu erreichen. Zudem scheint ihnen Arbeit Spaß zu machen. Ihre Lebensfreude wirkt fast schon utopisch. Man könnte meinen, jeder Tag gibt ihnen das wohlige Gefühl, im Urlaub zu sein. Ihr überlegt bestimmt gerade, ob ihr jemanden kennt, auf den diese Beschreibung zutrifft. Und? Gibt es da einen oder vielleicht mehrere Leute? Falls nicht, stelle ich euch im Rahmen dieses Buches einige bemerkenswerte Persönlichkeiten vor. Ich nenne sie Genies. Es sind Leute, die man kennen sollte. Sie sind garantiert nicht langweilig, haben stets interessante Storys und wissen, wie man es schafft, ein erfolgreiches Leben zu führen. Einer dieser bemerkenswerten Unternehmer ist Hannes Rasp. Er ist ein Macher. Ich frage mich oft, woher er seine Kraft und positive Energie im Leben nimmt.

### Darf ich vorstellen? Hannes Rasp

**NAME:**
Hannes Rasp

**BRANCHE:**
Immobilien, Immobilienspezialist, Anlage, Finanzkaufmann, Vermögensberatung

**WEBSITE:**
www.immobilienpluswissen.de
www.ideeplusgeld.de

**UNTERNEHMER SEIT:**
1996

**MEILENSTEINE:**
Ja!

Hat selbst Immobilien gekauft. Von 0 auf 100. Hat selbst / privat nun 54 Eigentumswohnungen in 4 Jahren gekauft. Ohne größeren Vermögenshintergrund, ohne Erbschaft oder sonstige Vorsprünge oder abstammungsbedingte Privilegien. Ein echter Selfmade-Man! ;-)

## MOTIVATION: WAS TREIBT DICH IM LEBEN AN?

Vermögen zu bilden oder einfach nur Geld auf die Seite zu bringen, ist heutzutage oft ein schwieriges Unterfangen. Hohe Abgaben mindern das Einkommen. Die Inflation entwertet das Geld. Die wachsende Staatsverschuldung bedroht die hart erarbeitete Rente. Fast scheint es, als wären »die besten Jahre« vorbei. Man braucht eine gute Idee und ein sicheres Händchen, um sein Geld und damit seinen privaten Wohlstand zu sichern. Und zwar so, dass Ihnen heute und morgen mehr zum Leben bleibt. Diesem Thema habe ich mich verschrieben, um es dem einzelnen zu ermöglichen, bereits heute gut und bequem zu leben und dennoch für später ordentlich vorgesorgt zu haben.

## HÖCHSTER SCHULABSCHLUSS:

Ingenieur für Nachrichtentechnik und Informatik

## MEINUNG ÜBER BILDUNG:

Sehr wichtig. Gerade eine höhere technische Ausbildung fördert den Sinn für logisches und strukturiertes Denken, verbunden mit einer klaren, sachlichen und zielgerichteten Herangehensweise.

Meine Feststellung in nun fast 20 Jahren Berufserfahrung ist, dass diese Grundlagen vor allem in finanziellen Dingen und wirtschaftlichen Angelegenheiten fast völlig fehlen, wobei sie gerade hier besonders wichtig und hilfreich wären. Man sollte nicht den Meinungen, Aussagen und Ideen anderer folgen, sondern für sich selbst den Sachen auf den Grund gehen!

## MEINUNG ÜBER UNTERNEHMERTUM:

»Es gibt Leute, die halten den Unternehmer für einen räudigen Wolf, den man totschlagen müsse. Andere meinen, der Unternehmer sei eine Kuh, die man ununterbrochen melken könne. Nur ganz wenige sehen in ihm das Pferd, das den Karren zieht.«

(Zitat von Winston Churchill, 1874 - 1965, ehemaliger Premier-
minister des Vereinigten Königreichs)

... So sehe ich das auch.

### ZIEL NR. 1 IM LEBEN:

Freiheit und Unabhängigkeit von den Zwängen des Lebens, im
Persönlichen wie auch im Wirtschaftlichen. Im Wirtschaftlichen
begegnen einem die Zwänge oder Hürden in Form von Steuern,
Banken, Abgaben, Arbeitgebern und vielem mehr. Nur wer unabhängig ist, kann es sich leisten, eine eigene Meinung zu haben
und diese zu vertreten.

### SINN DES LEBENS:

»Nur wer sein Ziel kennt, findet den Weg.«

Laotse (chinesischer Philosoph)

### WERTE:

24 Eigenschaften, die Genies gemeinsam haben: Enthusiasmus,
Vielseitigkeit, Tatkraft, Sinn für Humor, Urteilsvermögen, Ehrlichkeit, Unternehmungsgeist, Hingabe an Ziele, Mut, Wissen, Idealis-
mus, Optimismus, Dynamik, Perfektionismus, Kommunikations-
fähigkeit, Anpassungsfähigkeit, Überzeugungskraft, Offenheit,
Individualismus, Fantasie, Wahrnehmung, Die Gelegenheit beim
Schopf packen, Neugier, Geduld

(Quelle: 1980 National Enquirer/Transworld Features, den Artikel findet ihr im Internet unter: http://bit.ly/1M7rNER)

### FÜHRUNGSSTIL:

Pragmatisch, lösungsorientiert, motivierend, pfff ...

### PERSÖNLICHKEITSMERKMALE:

Bestimmt

## WISSENSQUELLEN:
Ich meide gewöhnlich die allgemeinen »Massenmedien«! Das allein bringt schon Erfolg. Achte sehr darauf, Quellen zu finden, um an Wissen zu gelangen. Eine Quelle ist ein Ursprung. Etwas, von dem etwas beginnt und ausgeht. Im Unterschied zu den meisten Medien, die nur Sachverhalte wiedergeben und verbreiten.

## STÄRKEN:
Die Lösung ist immer einfach, man muss sie nur finden!

## FÄHIGKEITEN:
Schwimme selten mit dem Strom / mit der Masse

Tut man das, was alle tun, wird man auch nur das haben, was alle haben.

## EIGENSCHAFTEN, DIE EINEN UNTERNEHMER AUSMACHEN:
Ist mit dem IST-Zustand nicht einverstanden. Er unternimmt etwas. Er arbeitet daran, Zustände im Leben zu verbessern. Je mehr er dabei mitnimmt, umso erfolgreicher wird er sein.

## DEIN TIPP FÜR JUNGUNTERNEHMER:
Ein Geschäft, das nur Geld einbringt, ist ein schlechtes Geschäft.

An dieser Stelle möchte ich mich bei Hannes für das Interview bedanken.

## Unternehmer-Alarm: Folgt mir in die Experten-Welt!

Nachdem in den vergangenen Kapiteln der Grundstein für euer Immobilienimperium errichtet wurde, widmen wir uns nun der Welt der Unternehmer. Das Motto in dieser Phase lautet: Viel Geld ist nicht genug! Oder besser gesagt: Ich will endlich stinkreich sein! Mit Sparen schafft man das leider nicht. Außerdem braucht man sehr viel Zeit, um sein Geld durch Sparen zu vermehren. Im Angestellten-Dasein ist es auch unmöglich, zu Reichtum zu gelangen. Die geringen Gehälter, eine hohe Steuerlast und die Vergütung auf Stundenbasis hindern uns daran. Meine Ungeduld ist groß. Das ist aber auch gut so. Denn erst dadurch werde ich besonders aktiv und suche nach Lösungen. Was muss ich tun, um endlich reich zu werden? Dieses Kapitel widme ich denjenigen, denen die Erträge aus Aktien und Immobilien noch nicht genug sind: den Firmengründern, den Jungunternehmern. Die Gründung eines eigenen Unternehmens ist allerdings nicht für jeden geeignet. Irgendwie träumt zwar fast jeder von uns davon, eine eigene Firma zu gründen und damit an Reichtum zu gelangen. Doch nicht jeder trägt das Unternehmer-Gen in sich.

Der Weg zum Unternehmer erfordert Ideen, eine Vision, Vielseitigkeit, Hartnäckigkeit und den Mut, es anders zu machen. All das bringt Risiken mit sich. Viele Menschen haben jedoch seit ihrer Kindheit große Angst vor Risiken, denn diese lassen Menschen scheitern. Unser Schulsystem erzieht uns gezielt zu disziplinierten Sicherheitsfanatikern. Risiken gelten in unserem Land als gefährlich, denn sie führen zu schlechten Noten. Schlechte Noten bedeuten, dass wir dumm sind. Dumme Menschen scheitern im Leben. Sie haben keine Chance auf einen guten Job. Dass so ein System Angsthasen hervorbringt, ist kein Wunder.

Es erzieht uns zu hervorragenden Angestellten; zu gehorsamen Ja-Sagern, deren Fokus auf sehr guten Schulnoten liegt. Leute, die sich mit einer guten Beurteilung zufriedengeben, braucht das System. Sie sind einfach zu steuern, denn sie freuen sich über ein Lob und betteln um permanente Anerkennung, indem sie das machen, was man von ihnen erwartet. Sie lernen brav, was ihnen das System vorgibt. Ihre Lehrer dürfen sie sich nicht selbst auswählen, denn auch die gibt ihnen das System vor. Ihre Lehrer sind Menschen, die das Schulsystem nie verlassen haben. Sie wissen nicht, wie die Realität außerhalb der Schule aussieht. Es sind Menschen, die nicht wissen, was einen Menschen zu einem erfolgreichen Unternehmer macht. Woher auch? Sie selbst sind auch nur systempropagierende Ja-Sager.

Besonders stolz sind sie auf die durch sie vermittelten Werte, wie Disziplin, Fleiß sowie Ordnung. All das hemmt allerdings die Entwicklung von unternehmerischen Fähigkeiten und hindert Kinder daran, groß zu denken. Die Chance auf ein erfolgreiches Leben in finanzieller Freiheit ist dadurch minimal, denn eigenständiges Denken wird in so einem System langfristig unterdrückt. Für jede Situation gibt es eine Regel sowie bunte Wegweiser, die uns das Denken abgewöhnen. Das System lebt schließlich von gehorsamen Bürgern, die den Hinweisschildern folgen und stets hart arbeiten, um es am Leben zu erhalten. Das Resultat dieser Erziehung ist erschreckend: Wir geben uns damit zufrieden, wie uns andere Leute bewerten. Unser Fokus liegt alleine auf der erhofften Anerkennung durch andere. Arschkriechen wird uns anerzogen. Belohnt werden wir bestenfalls mit guten Noten und freuen uns sogar als Erwachsene wie kleine Kinder über eine hervorragende Bewertung durch unseren Arbeitgeber. Zeugnisse beeinflussen uns jedoch in der Regel negativ. Damit meine ich, dass wir demotiviert werden, wenn wir schlechte Noten erhalten. Entweder erhält man von Lehrern, die man nicht einmal selbst wählen darf, das Label »dumm« oder das Label »schlau«. Das Schicksal bestimmt demzufolge, wer über uns entscheidet und was aus uns wird. Ein positives Selbstbild entwickelt in so einem Umfeld nur eine Minderheit. Aber genau dieses Selbstvertrauen braucht ihr, damit ihr es schafft, euer Leben selbst in die Hand zu nehmen. Das Motto dieses Buches lautet: Viel Geld ist nicht genug! »Think Big!« bildet die Grundvoraussetzung für wahren Reichtum. Unser Geld soll sich schließlich in einer relativ kurzen Zeit überproportional vermehren.

»Think Big!« wird uns dabei helfen. Es bedeutet nichts anderes als groß zu denken. Klingt einfach, oder? Das ist es aber leider nicht. Während die meisten Menschen aufgrund ihres geradlinigen Werdegangs zu Spezialisten auf einem Gebiet werden, lernen sie, in Schubladen zu denken. Sie bewegen sich bis ins kleinste Detail innerhalb einer Branche und werden blind für das große Ganze. Dadurch entgehen ihnen Möglichkeiten, auch in neue Bereiche vorzudringen. Spezialisten gelten langfristig als Verlierer, denn es fällt ihnen in der Regel schwer, ihr gewohntes Umfeld zu verlassen. Generalisten gelten als Gewinner. Groß zu denken, macht ihnen Spaß. Vielseitigkeit zeichnet sie aus. Sie besitzen dadurch Know-how in verschiedenen Bereichen. Das macht sie besonders flexibel und sie haben keine Angst vor Neuem. Die Fähigkeit, groß zu denken, liefert ihnen neben einer Vision auch die nötige Inspiration für eine erfolgreiche Zukunft als Unternehmer.

In Deutschland wird es leider den Firmengründern etwas erschwert, mit Vollgas durchzustarten. Viele von ihnen werden gnadenlos durch das System ausgebremst. Man unterschätzt zu leicht die bürokratischen Hindernisse. Ein gewaltiger Gesetzesdschungel und Hürden beim Auftreiben von Startkapital lassen die meisten, die es trotzdem wagen, schnell scheitern. Ich habe großen Respekt vor allen Mutigen, die so ein Projekt starten. Eines meiner Lieblingsbücher zu diesem Thema ist übrigens »The Escape Manifesto« von den »Escape the City«-Gründern. Weil sie sich in ihren Jobs als Berater und Investment-Banker im Hamsterrad eingesperrt fühlten, wurden sie zu beispielhaften Firmengründern. In ihrem Buch erklären sie, wie sie es geschafft haben, aus dem Angestelltendasein zu entfliehen.

Als Unternehmer schafft man es am schnellsten, wirtschaftlich frei zu sein, also unabhängig von einem Arbeitgeber, von einem Mann, der Familie und vom Staat. Ein selbstbestimmtes Leben kann nur führen, wer frei ist. Freiheit bedeutet, dass man seinen Tag aktiv gestalten darf und nur mit Menschen verbringt, die einem wirklich wichtig sind. Freiheit bedeutet, Auswahlmöglichkeiten zwischen verschiedenen Alternativen zu haben. Man darf sich für das eine oder andere entscheiden. Für Unternehmer gehört die Angestellten-Sklaverei endlich der Vergangenheit an. Arschkriechen war gestern! In einem Leben als Unternehmer müsst ihr nie mehr die vorgeschriebenen acht Stunden und mehr von Montag bis Freitag als Pflicht absitzen. Zwanghafte Zielgespräche führt ihr ab jetzt nur noch mit euch selbst. Denn eure Ziele gehen nur euch etwas an. Das ist Freiheit. Ihr entscheidet über eure Arbeitszeiten, über eure Aufgaben und über euren Wunscharbeitsort. Ihr allein bestimmt, wo die Reise hingeht. Diese Freiheit schenkt euch nicht nur Kraft und Selbstvertrauen, sondern gibt eurem Leben endlich Sinn. Man muss nicht einmal Millionär sein, um das alles zu schaffen. Ich erinnere an die Regel, wie viel ihr wirklich benötigt, um euer Leben genießen zu können. Vorausgesetzt ist, dass ihr eure monatlichen Ausgaben immer im Blick behaltet und Nützliches von nicht notwendigen Dingen unterscheiden könnt. Regel Nummer 1 lautet: immer schön bescheiden und sparsam bleiben. Regel Nummer 2 lautet: Schulden im Blick behalten. Regel Nummer 3 lautet: Reich seid ihr, wenn der Cashflow eurer Investments die monatlichen Ausgaben deckt und sie übersteigt. So etwas gilt für alle, auch für Unternehmer. Das klingt einfach. Ist es aber leider nicht. Was nützt ein hohes Einkommen, wenn man mit Geld nicht umgehen kann und sich nur über Status-Trophäen definiert? Der Weg in die finanzielle Freiheit ist etwas anstrengend. Als Faustregel merkt ihr euch das 20- bis 25-Fache eurer Jahresausgaben. Ich gebe im Monat ca. 1.800 Euro aus. Das macht im Jahr 21.600 Euro. Das 25-fache davon ergibt 540.000 Euro. Mit monatlich 700 Euro könnt ihr schon 25 Jahre später in den Ruhestand treten. Vorausgesetzt, die Rendite stimmt. Acht Prozent müssen es dann sein. Da die meisten einen langen Zeitraum von 20 Jahren nicht besonders attraktiv finden, bietet sich eine schnellere Möglichkeit, durch eine eigene Firma wirtschaftlich frei zu sein. Der Weg dahin ist sehr arbeitsintensiv. Das schreckt die meisten allerdings ab. Ziel ist es, ein passives Einkommen zu generieren, das die monatlichen Ausgaben übersteigt. Als Unternehmer seid ihr euer eigener Chef und arbeitet in die eigene Tasche. Eine tolle Vorstellung, oder? Ein passives Einkommen, das die monatlichen Ausgaben deckt, haben Angestellte und Selbstständige in der Regel nicht.

Ein Unternehmer hingegen ist am Ziel angekommen, wenn seine Firma ein monatliches passives Einkommen abwirft – auch dann, wenn er sich am Strand von Puerto Rico sonnt. Während Angestellte und Selbstständige darauf angewiesen sind, von Montag bis Freitag ihrer Tätigkeit im Büro nachzugehen, fließt dem Unternehmer automatisch eine ordentliche Summe zu. Seine Angestellten kümmern sich ums laufende Geschäft. Er hingegen genießt seine Freiheit. Sein Vermögen schenkt ihm regelmäßige Geldzuflüsse. Den Cashflow generiert er unter anderem aus weiteren Firmenbeteiligungen, Vermietungen und Verpachtungen. Gerade an dieser Stelle versteht ihr, was es bedeutet, Geld für sich arbeiten zu lassen. Für Angestellte trifft leider das Gegenteil zu. Sie arbeiten und strampeln sich im Hamsterrad für wenig Geld ab. Sobald das Gehalt kommt, verlässt es auch schon den Angestellten wieder, unter anderem in Form von Eigenheim- und Autokreditraten. Dabei denkt der Angestellte, dies würde dem Vermögensaufbau dienen. Dass der Weg zum Unternehmer kinderleicht sein kann, sieht man bei Mr Cory's Cookies. Der Firmengründer beschloss in der dritten Klasse, seiner alleinerziehenden Mutter ein Auto zu kaufen. Indem er Kakao vorm Haus und vor der Schule anbot, entwickelte er seine Geschäftsidee weiter. Nach nur zwei Jahren wurde Mr Cory's Cookies zur Erfolgsstory. Ich möchte an dieser Stelle keine Kinderarbeit promoten, aber das Beispiel zeigt, dass bereits Kinder das Zeug zum Unternehmer haben. Die bemerkenswerte Geschichte von Mr. Cory findet ihr im Internet unter: http://www.mrcoryscookies.com/.

In Deutschland hat sich Vanessa Kuhlmann einen Namen gemacht und wurde 2006 zur Unternehmerin des Jahres gewählt. Sie gründete nach ihrem USA-Praktikum Balzac Coffee. Geld hatte sie zwar keines, aber sie hatte den eisernen Willen und die Disziplin eines erfolgreichen Unternehmers. Wer ihre Geschichte nachlesen möchte, sollte ihr Buch »Keine große Sache« unbedingt lesen. Ich liebe dieses Buch!

## Habt ihr das Zeug zum Unternehmer?

In einer Welt, in der man klein gehalten wird, fällt es schwer, groß zu denken. »Think Small« lehrt ein Sozialstaat seiner Gesellschaft, damit sie ihm hilflos ausgeliefert ist. Streiks sind in so einer Gesellschaft an der Tagesordnung. Sie sind scheinbar der einzige und einfachste Weg, das Einkommen zu steigern. Dass die Streikenden durch ihre regelmäßigen Forderungen nach mehr Lohn automatisch die Preise in die Höhe treiben und ihren Arbeitgeber verstärkt Anreize geben, Jobs ins Ausland zu verlagern, interessiert sie nicht. Sie denken klein und wollen ausschließlich für ihre Arbeitsleistung maximal honoriert werden. Unter Leistung verstehen sie bereits die Gefälligkeit, regelmäßig den Dienst anzutreten. Gefordert wird mehr Geld und weniger Arbeit. Denn je mehr man arbeitet, desto mehr Steuern zahlt man als Angestellter bzw. Selbstständiger. Überdies empfinden viele Menschen 40-Stunden-Wochen als unzumutbar. Gelebt wird ein Ideal, das langfristig unser Land zum Erlahmen bringt. »Think Small« bedeutet nichts anderes, als dass wir bereit sind zu schrumpfen.

Schrumpfen bedeutet, dass wir stehen bleiben möchten, weil wir keine Lust mehr haben, uns anzustrengen. Schrumpfen bedeutet, dass wir bereit sind, unser Land in den Ruin treiben, indem wir als Arbeitnehmer für Unternehmen immer unattraktiver werden. Dieses Denken macht uns zu trägen, jammernden Menschen, die in Selbstmitleid zerfließen. Wir lernen in so einem System, dass Jammern belohnt wird. Streiks werden gerade aus diesem Grund immer beliebter. Es gibt schließlich nichts zu verlieren. Im schlimmsten Fall darf man daheim bleiben und wird vom Sozialstaat versorgt.

Ein System, dass keinerlei Anreize für Innovation und Leistungswillen gibt, bringt die Wirtschaft langfristig zum Erlahmen. Unternehmer braucht das Land! Nur sie können es am Leben erhalten, weil sie es sind, die für Wirtschaftswachstum sorgen.

Sie schaffen Arbeitsplätze und füllen gleichzeitig die Sozialkassen mit dringend benötigten Einnahmen. Unternehmer verhelfen nicht nur sich selbst zu Wohlstand und enormen Reichtum, sondern auch ihrem Land. Dadurch werden sie mit enormen Steuervergünstigungen belohnt, wodurch sie zu noch mehr Reichtum gelangen. Win-win sozusagen für alle. Das verleiht ihnen nicht nur Macht, sondern macht auch ihren Vorbildcharakter aus. Jedoch besitzt nicht jeder von uns die entscheidenden Unternehmereigenschaften. Viele Menschen scheuen das Risiko und die Mühe, denn das Unternehmersein bedeutet viel Arbeit. Ein Unternehmer braucht neben Optimismus und Neugier besonders viel Mut zur Umsetzung seiner Ideen sowie ein hohes Maß an Geduld.

Bevor ihr euch auf den Weg macht und ein Gewerbe anmeldet, stellt ihr euch die folgenden Fragen. Seid dabei ehrlich zu euch selbst, nehmt euch genügend Zeit, indem ihr euch selbst reflektiert. Glaubt mir, es ist die Grundvoraussetzung um sich optimal vorzubereiten. Viele Menschen erachten dies als unwichtig und wundern sich im Nachhinein, wieso sie in der Geschäftswelt scheiterten. Urlaube und Hochzeiten werden in der Regel ausführlicher vorbereitet und geplant als der Schritt zum Unternehmertum. Im Folgenden findet ihr wichtige Fragestellungen, die euch dabei helfen, euch selbst zu reflektieren.

– Was könnt ihr besonders gut?

– Was könnt ihr besser als andere?

– Machen euch neue Situationen Angst?

– Habt ihr Angst vor Risiken?

– Auf einer Skala von 1 bis 10: Wie gut könnt ihr andere für eure Ideen begeistern? (1 bedeutet gar nicht, 10 bedeutet sehr gut)

- Lasst ihr euch leicht von anderen beeinflussen?

- Gebt ihr schnell auf, wenn andere von eurer Idee nicht überzeugt sind?

- Nennt drei Vorbilder: Begründet dies, indem ihr fünf Eigenschaften nennt, die ihr an ihnen schätzt.

- Auf einer Skala von 1 bis 10: Wie gut könnt ihr anderen eure Ideen verkaufen? (1 bedeutet gar nicht, 10 bedeutet sehr gut)

- Gebt ihr schnell auf, sobald ihr an euren Ideen zweifelt?

- Nennt ein oder mehrere Beispiele, bei denen ihr aus einer Idee heraus ein Projekt entwickelt habt.

- Konntet ihr Leute davon überzeugen, Zeit und Geld in eure Ideen zu investieren, also für etwas, das noch nicht existiert?

- Habt ihr euch bereits mit der Unternehmensgründung beschäftigt?

- Habt ihr ein Existenzgründerseminar besucht?

- Gibt es bereits einen Business-Plan?

- Seid ihr ein Macher oder ein Träumer?

- Nennt eure Top-3-Ziele für die nächsten fünf Jahre.

- Wie misstrauisch seid ihr gegenüber anderen Menschen (auf einer Skala von 1 bis 10: 1 bedeutet extrem misstrauisch, 10 bedeutet überhaupt nicht misstrauisch).

Laut Donald Trump ist die Fähigkeit zu träumen eine der wichtigsten Eigenschaften eines erfolgreichen Unternehmers. Damit schafft er eine Vision. Darüber hinaus muss er ein Macher sein, der Menschen äußerst misstrauisch gegenüber steht. Sobald auch nur eine dieser Eigenschaften nicht vorhanden ist, rät er in seinem Buch »Midas Touch« zu einem Partner.

Gibt es Unternehmer in eurer Familie und oder in eurem Bekanntenkreis? Dann solltet ihr sie konsultieren. Sie sind wertvolle Lehrmeister auf eurem Weg zum Unternehmerdasein. Stellt ihnen so viele Fragen wie möglich, inklusive dieser: Würden sie euch zu einer Firmengründung raten? Welchen Tipp geben sie euch?

All diejenigen, die keine Firmengründer und Firmeninhaber im Bekanntenkreis haben, finden im nächsten Abschnitt wertvolle Tipps und Erkenntnisse von Unternehmern. Einige von ihnen befinden sich aktuell in der Gründungsphase, andere sind bereits an ihrem Ziel angekommen. Alle haben etwas gemeinsam: Sie besitzen Ausdauer, Kontinuität und einen außergewöhnlichen Tatendrang.

## Tipps von Unternehmern für Unternehmer

> »*Donald Trump hat mich sehr inspiriert. Ich bin nur ein gewöhnlicher Millionär. Aber nun besitze ich die Inspiration, Milliardär zu werden.*«

Robert Kiyosaki, *8. April 1947 ‚US-amerikanischer Geschäftsmann und Buchautor

Inspirierende Unternehmer findet man leider nicht wie Sand am Meer. Ich habe mich auf die Suche gemacht und wurde fündig. Ich möchte jeden von euch motivieren, ein erfolgreiches und glückliches Leben zu führen. Damit ihr niemals den Fokus verliert, ist ein Vorbild eure treibende Kraft auf dem steinigen Weg zum Unternehmertum.

### Darf ich vorstellen? Amy Andersen

**NAME:**[1]
Amy Andersen

**WEBSITE:**
www.linxdating.com

**INDUSTRY:**
Matchmaking

**WEBSITE:**
www.linxdating.com

**DRIVING FORCE IN LIFE:**
I am motivated at helping people connect through my company. It amazes me that there are very few options for high caliber men

---

1   Eine Übersetzung des Steckbriefs findet ihr hinten im Anhang

and women to connect. So many single people, very few options to meet one another due to working all the time and having limited social resources.

## BIGGEST ACCOMPLISHMENT:
Giving birth to my beautiful son

## EDUCATION:
University of Southern California in Los Angeles, degree in Communication and a minor in International Relations.

## BORN RICH OR POOR?
I was born into a very nice home where my parents gave me a wonderful education and lots of opportunties in front of me. From the time I was a child, I was motivated to be an entrepreneur. I started my first little business selling flowers to my next door neighbors when I was 10 years old and then started a children's summer camp when I was 16 years old.

## VIEW ON EDUCATION:
One of the greatest gifts you can give yourself. Necessary in the USA if you want options in life for careers. University was not only a wonderful experience of learning but one of tremendous growth as a young adult. My husband teaches part time at Stanford University – so I better like the idea of education! :)

## MAIN GOAL IN LIFE:
To be happy, to keep busy, to be healthy, and have balance.

## PURPOSE IN LIFE:
To succeed as an entrepreneur and in doing so fulfilling my dreams and making so many couples happy as a direct result of my »matches« (introductions).

## VISION (IN BUSINESS):

Be the best you can be at all times. Do not let the little things distract you. Focus on the big picture. Stay hungry. Be optimistic. Work, work, work. Hire someone smarter than you are. Never give up. Never let people say your idea is foolish. Be honest. Be ethical. Differentiate yourself from the competition by being the best in the business. Perseverance! Determination!

## BIGGEST FAILURE:

Hiring the wrong person

## VALUES:

Honesty, transparency, good communication

## LEADERSHIP STYLE:

I am militant about being extremely organized with how I run the business and I am known for being aggressive in a smart CEO way to close prospects (from a sales stand point I love doing sales) to become clients. I like to motivate others around me to be positive and forward thinking. I never dwell on the past. I look ahead and encourage others to do the same.

## MOTIVATION:

Making an amazing life and happy home for my family. To provide my son with the financial resources so he can go to any university as he wishes when he is older.

## PERSONALITY:

I am extroverted but I also like my time to recharge and get away from people at times! My job is very outward facing where I am the face of the business, so I am constantly dealing with clients, prospects, and media. I get my energy from people yet at the same time I do need to have my down time to reflect and think. I use humor in all of my business meetings to diffuse any tension or break the ice.

**PHILOSOPHIES:**
Be the best you can be at all times.

**GREATEST OBSESSION:**
Besides my business and being a mom to a young son, I would say it is critical that I be able to work out and take care of my mind and my body!

**MENTAL ATTITUDE:**
I am always staying positive and optimistic.

**ALLIANCES:**
I work with other experts in their fields – dating coaches, wardrobe stylists, etc.

**SKILLS:**
Excellent communicator, excellent matchmaker, good writer (I do a lot of blogging and writing for my business), excellent networker, I throw very good parties, too (entertaining for my business). Anyway, I made my way into the world of entrepreneurs. As the world is full of opportunities, I am sure, that you will make your way into the entrepreneur's world, too. I wish you luck with that!

**Und weiter geht's mit Martin Dölger: Darf ich vorstellen?**

**NAME:**
Martin Dölger

**BRANCHE:**
Medien / Radio

**WEBSITE:**
www.derdölger.de

**UNTERNEHMER SEIT:**
2012

**MEILENSTEINE:**
Launch ENERGY Rhein-Main, Relaunch Gong 96,3, www.testis. jetzt

**MOTIVATION:**
Geld bedeutet Freiheit! Je mehr du verdienst, desto mehr kannst du reisen!

**WAS TREIBT DICH IM LEBEN AN?**
Deine Lebenszeit ist begrenzt, also mache jeden Tag das Beste draus ... Immer wenn ich mich entscheiden muss, ob ich etwas tue oder lasse, dann mache ich's einfach!

**HÖCHSTER SCHULABSCHLUSS:**
SAE Audio Engineer Diploma

**MEINUNG ÜBER BILDUNG:**
Abschlüsse öffnen Türen, was du hinter der Türe machst, lernst du nicht im Studium!

**MEINUNG ÜBER UNTERNEHMERTUM:**
Der einzige Weg, ein freies Leben zu leben und gleichzeitig Geld zu verdienen

**ZIEL NR. 1 IM LEBEN:**
Reisen!

**VISION ALS UNTERNEHMER:**
Ich möchte ein Unternehmen aufbauen und Freunde einstellen können!

**GRÖSSTER FEHLER:**
Am Anfang meiner Karriere habe ich nicht hart genug verhandelt. Du verdienst dein Geld nicht mit deiner Arbeit ... du verdienst dein Geld bei der Verhandlung.

**WERTE:**
Freiheit, Familie, Musik mit moralischen Inhalten

**FÜHRUNGSSTIL:**
Kooperativ! Gib immer das Ziel vor, nie den Weg!

**PERSÖNLICHKEITSMERKMALE:**
Ehrgeizig, verbissen, arbeite bis zum Umfallen.

**VERMÖGENSGRUNDLAGEN/EINNAHMEQUELLEN:**
Selbst erarbeiteter Finanzpuffer, Einnahmen durch Jobs

**GRÖSSTE LEIDENSCHAFT:**
Musik! Musik in jeder Form! Gute Musik ist das letzte bisschen Magie auf der Welt.

**WUNSCH:**
Ich wünsche mir Win-win-Situationen – in jeder Hinsicht!

**WISSENSQUELLEN:**
Bücher jeder Art, Workshops, Gespräche, Mentor!

**FÄHIGKEITEN:**
Alles, was mit Ton zu tun hat

**HÜRDEN IM LEBEN:**
Hürden muss man zulassen, damit sie Hürden sein können.

**VORBILD:**
Mein Vater!

**EIGENSCHAFTEN, DIE EINEN UNTERNEHMER AUSMACHEN:**
Zielstrebigkeit und Führungskompetenz

**DEIN TIPP FÜR JUNGUNTERNEHMER:**
Einfach ausprobieren und JEDEM erzählen, was man vor hat – dadurch ergeben sich die wichtigen Connections.

An dieser Stelle möchte ich mich bei Martin für das Interview bedanken.

**Und weiter geht's mit Karsten Klepper: Darf ich vorstellen?**

**NAME:**
Karsten Klepper

**BERUFSBEZEICHNUNG:**
Marken-Berater. Persönlichkeits-Entwickler. Motivations-Coach.

**BRANCHE:**
Unternehmensberatung

**WEBSITE:**
www.klepper.biz

Hallo – mein Name ist Karsten Klepper. Ihr kennt mich vielleicht schon aus dem ersten Teil des Finanz-Diva-Hörbuchs. Für die Jungunternehmer, aber auch Jungunternehmerinnen unter euch, die noch nicht so viel über mich wissen, möchte ich mich kurz vorstellen und euch den einen oder anderen wertvollen Tipp mit auf den Weg geben ...

Ich erzähle euch ein bisschen darüber, was mich im Leben antreibt, auf welche Meilensteine ich zurückblicken kann, welche Hürden ich überwinden musste und ein bisschen mehr. Ich hoffe, es gelingt mir, euch davon zu überzeugen, dass es jeder schaffen kann, den Weg vom Angestellten zum Unternehmer zu gehen.

Seit 2007 bin ich Unternehmer und habe bereits mehrere Firmen ins Leben gerufen. Trotzdem gab es die eine oder andere Hürde in meinem Leben, wie meinen Studienplatzverlust 1992, meinen Jobverlust 1999, meinen Burn-out in einem Konzern 2006 und meinen Umzug 2013. Ist euch etwas aufgefallen? Alle 7 Jahre hat sich etwas geändert. Aber alle 7 Jahre hat eine Krise mein Leben danach entscheidend verbessert ...

Mein erstes Unternehmen gründete ich bereits als Student. Damals beschäftigte ich 21 Mitarbeiter. Doch das war erst der Anfang! Ein weiterer Meilenstein in meinem Leben folgte 2007 mit der Gründung meines dritten Unternehmens! Getoppt wurde aber alles durch die Geburt meiner Tochter im Jahr 2012.

Ihr wollt sicher wissen, welche Eigenschaften ein erfolgreicher Unternehmer braucht. Neben Understatement bedarf es eines hohen Maßes an Fachexpertise, Interesse an seinen Mitarbeitern, unternehmerischem Denken und Sparsamkeit. Vielleicht kennt ihr ja meine verkürzte Markenformel für erfolgreiche Marken-Persönlichkeiten. Die ist ganz einfach zu merken: Können + Charakter x Kontinuität.

Was mich in der Geschäftswelt ausmacht, findet ihr im Internet unter: www.klepper.biz - dort findet ihr auch die ausführliche Version der zehn Schritte, die eine Marken-Persönlichkeit so gehen muss.

Da steht auch etwas drin über ein Lebensmotto. Wir Markenberater nennen das »Claim« oder Markenversprechen. Meiner lautet im Übrigen »Andere erfolgreich zu machen«. Und – hast du auch einen bereit oder schon im Kopf?

Ein großer Wunsch von mir war es, einmal mit 50 in Rente zu gehen und mit dem Leben zufrieden zu sein. Mag sein, ihr denkt, so etwas sei nicht realisierbar. Mag sein ... Aber gefühlt habe ich mich bereits vor acht Jahren – also mit 40 – zur Ruhe gesetzt. Denn ich mache nur noch das, was MIR Spaß macht. Nicht das, was einem Konzern oder Chef wichtig ist. Ein tolles und gutes Gefühl! »If you can't succeed – try again, again, again.«

Wenn du für das brennst, was du tust, wirst du dich deinem Erfolg nur noch durch Selbstmord entziehen können.

Habt keine Angst vor Fehlern, Niederlagen, Neid oder Häme. Fangt einfach an. Habt eine Idee, macht euch einen Plan und sucht euch starke Persönlichkeiten, die euch gut beraten. Das Geld, das ihr für sie ausgebt, ist fünfmal weniger, als das Lehrgeld das ihr zu Beginn für eine falsche Vorgehensweise ausgeben werdet.

Macht es wie Kat€ Eckardt.

Worauf wartet ihr noch?

**FINANZ-MOTTO:**
Mit den Aktien in meinem Depot halte ich es wie mit Straßenbahnen: Ich laufe ihnen niemals nach. Nur Geduld: Die nächste kommt mit Sicherheit.

**WAS ICH KANN:**
Schnell denken und gut reden. Langweiliges kurzweilig vermitteln. An zig Beispielen aus der Praxis zeigen, wie Marken entwickelt, geführt und gepflegt werden. Andere erfolgreich machen. Begeistern. Lösungen finden. Aus Personen Persönlichkeiten werden lassen.

**WAS ICH NICHT KANN:**
Zaubern. Mit dem Strom schwimmen. Theorie ohne Praxis erklären. Stehen bleiben. Essen und reden.

An dieser Stelle möchte ich mich bei Karsten für das Interview bedanken.

**Und weiter geht's mit Horst Lüning: Darf ich vorstellen?**

**NAME:**
Horst Lüning

**BRANCHE:**
Internet-Versandhandel

**WEBSITE:**
www.whisky.de

**ACHTUNG!**
Die Unternehmerin im »The Whisky Store« ist meine Frau. Sie ist für den Ein- und Verkauf und die Kundenkontakte zuständig. Auf sie läuft auch das Unternehmen. Ich bin dagegen mittlerweile das Aushängeschild und der Marketingmann geworden.

**UNTERNEHMER SEIT:**
1986 mit meinem ersten Ingenieurbüro

**MEILENSTEINE:**
1993 Gründung »The Whisky Store« durch Theresia Lüning, 1994 erste selbsterstellte Webseite im Internet, 1999 erstes selbstentworfenes Shopsystem, 2006 gewinnt »The Whisky Store« den Young Business Award des Bundesverbands des deutschen Versandhandels, 2010 Erwerb der Domain Whisky.de, 2011 Online-Shop des Jahres Kategorie Video auf dem Versandhandelskongress in Wiesbaden, 2013 Erwerb der Domain Whisky.com

**WAS TREIBT SIE IM LEBEN AN?**
Unendliche technische und soziale Neugier

**VISION ALS UNTERNEHMER:**
Möglichst keine Mittler zwischen sich und dem Kunden sowie den Lieferanten zu haben

**GRÖSSTER FEHLER:**
Zu viel selbst machen zu wollen

**FÜHRUNGSSTIL:**
Zu weich

**LEBENSMOTTO:**
Das Leben ist zu kurz für schlechten Alkohol

**GRÖSSTE LEIDENSCHAFT:**
Computer, Whisky, der Weltraum und neuerdings E-Autos

**STÄRKEN:**
Komplexes und extrem langfristiges, visionäres Denken. Und ausdauernd bis zur Hartnäckigkeit bin ich auch.

**VORBILD:**
Bill Gates, Elon Musk

**EIGENSCHAFTEN, DIE EINEN UNTERNEHMER AUSMACHEN:**
Mentale Selbstständigkeit, Leistungsbereitschaft, aber auch Empathie gegenüber Kunden, Lieferanten und Mitarbeitern. 10 Prozent Inspiration – 90 Prozent Transpiration

**IHR TIPP FÜR JUNGUNTERNEHMER:**
Planen Sie, so viel und so lang, wie sie nur können. Gehen Sie in Ihrer Sache auf. Denken Sie daran, wie es bei Ihnen und in Ihrem Geschäftsfeld in fünf, zehn und 20 Jahren aussehen wird. Machen Sie schriftliche Pläne und setzen Sie sich Ziele. Natürlich können Sie sie später immer noch umwerfen. Aber ohne Ziele und Pläne sind Sie wie ein Segelboot, das dorthin segelt, wo der Wind hin weht. Erfolgreiche Kapitäne kommen auch gegen den Wind voran.

An dieser Stelle möchte ich mich bei Horst Lüning für das Interview bedanken.

## Und nun zu euch! Seid euer größtes Vorbild!

Ich bin gespannt, ob ihr schon bald als Jungunternehmerinnen durchstartet! Die folgende Seite widme ich euch, damit ihr euch Gedanken darüber macht, wie eure unternehmerische Zukunft aussieht. Ich wünsche euch viel Erfolg bei der Gründung eures Start-ups. Traut euch! Think Big! Andere haben diesen Schritt bereits gewagt. Einige sind vielleicht gescheitert. Aber erst durch diese Erfahrung haben sie ihrem Leben Erfahrungen geschenkt, aus denen sie wachsen und dadurch neue Hürden ohne Angst überwinden können.

– Name?

– In welcher Branche soll eure Firma tätig sein?

– Habt ihr schon eine eigene Website?

– Welche Meilensteine setzt ihr euch?

– Motivation: Was treibt euch im Leben an?

– Wie lautet euer Ziel Nr. 1 im Leben?

– Wie lautet euer Lebensmotto?

– Was ist eure größte Leidenschaft?

– Wie lautet euer größter Wunsch?

– Was sind eure Stärken?

– Welche besonderen Fähigkeiten besitzt ihr?

– Wer ist euer größtes Vorbild?

## Ein abschließender Gedanke

Was haben die folgenden Menschen gemeinsam – Steve Jobs, Bill Gates, Mark Zuckerberg, Sam Walton, Sergey Brin und Warren Buffett? Ja, sie sind alle männlich. Und weiter? Kommt schon, denkt nach! Ja, sie leben in den Vereinigten Staaten. Und weiter? Sie fingen alle mal klein an: in einer Garage oder einer winzigen Studentenbude. Und weiter? Na? Genau! ihr liegt richtig: Es sind alles Selfmade-Milliardäre vom Feinsten und sie verdienen den nötigen Respekt einer Finanz-Diva. Doch irgendetwas passt hier nicht zusammen, oder? Stimmt! Es ist ein Finanzbuch für Frauen und sollte vor allem Selfmade-Millionärinnen und -Milliardärinnen in den Vordergrund stellen! Die Liste der reichsten Menschen der Welt führen allerdings Männer an. Damit ist jetzt aber Schluss! Denn wir werden das ändern. Die Welt braucht schließlich viel mehr steinreiche Frauen! Medienstar Oprah Winfrey, die Harry-Potter-Autorin Joanne K. Rowling und Spanx-Gründerin Sarah Blakely sind die absoluten Vorbilder einer Finanz-Diva. Lernt von ihnen und lasst euch durch sie inspirieren.

Reiche Menschen geben der Welt mehr, als wir uns vorstellen können. Jeder von ihnen weiß, worin er gut ist und was er der Welt geben kann. Indem sie sich ganz fest auf ihre Stärken konzentrieren, entwickeln sie eine Leidenschaft, von denen auch andere Menschen profitieren. Was ich damit meine? Wir alle nutzen Computer, surfen im Internet, lesen Bücher und sehen regelmäßig fern. All das würde ohne diese Ikonen nur halb so viel Spaß machen. Ihr denkt, dass sie Exoten sind? Menschen, die als Wunderkinder auf die Welt kamen? Ihr irrt. Der kleine Unterschied ist, dass sie niemals den Fokus verlieren und hart daran arbeiten, ein Produkt rund um ihre Leidenschaft zu entwickeln. Oprah Winfrey ist nicht nur schlagfertig, sie besitzt auch gegenüber ihren Mitmenschen ein unschlagbares Einfühlungsvermögen. Die Leute lieben sie einfach und bekommen nicht genug von ihr. Die Oprah-Winfrey-Show ist ihr Produkt und verhalf ihr zu außerordentlichem Erfolg. Win-win sozusagen für Oprah und ihre Fans.

Joanne K. Rowlings Leidenschaft ist ihre Fantasie. Sie träumt und schreibt gerne. Harry Potter ist das Resultat. Ihre Potter-Romane wurden sogar verfilmt und machten nicht nur sie reich, sondern auch ihre Fans. Alles in allem bedeutet das wieder: Winwin! Sowohl für die Autorin als auch für ihre Fans.

Sara Blakelys Erfolgsgeschichte ist genauso spannend wie ein Roman von Joanne K. Rowling. Als sie eines Abends keine durchschimmernde Unterwäsche für ihre weiße Hose finden konnte, schnitt sie einfach die Füße einer starken Strumpfhose ab. Die Idee eines neuen Produktes war geboren und wurde von Sara weiterentwickelt. Sara hatte eine Vision und Freude an ihren Ideen. Ihr Motto lautete: Sexiness statt Altenheim-Look. Was dabei rauskam? »Spanx«. Mit nur 5.000 Dollar gründete die damalige »Faxmaschinen-Klinkenputzerin« ihre Firma und wurde schon bald zur Milliardärin. Dank ihrer figurformenden Produkte gehören Problemzonen endlich der Vergangenheit an. Sara erfand einfach die traditionelle »Schlankstützunterwäsche« neu, indem sie ihr aufregende Stoffe und sexy Schnitte verpasste. »Spanx« lässt Übergewicht einfach spurlos verschwinden. Saras Produkte machen aus vollschlanken Frauen wohlgeformte modebewusste Ladys. Win-win sozusagen, sowohl für die Unternehmerin als auch für ihre Kundinnen.

Ich hoffe, ihr erkennt jetzt den entscheidenden Zusammenhang zwischen Geben und Reichtum. Erst wenn man Menschen etwas gibt, was sie brauchen, wird man mit Reichtum belohnt. Während Angestellte und Selbstständige nach der Anzahl ihrer geleisteten Stunden entlohnt werden und stets die falschen Fragen stellen, werden sie es nicht schaffen, dem Hamsterrad zu entkommen. Sie fragen nach Gehaltserhöhungen, nach der Zahl der Urlaubstage, die ihnen zustehen, und der Zahl der Stunden, die sie ableisten müssen. Sie denken zuerst daran, was sie bekommen, nicht, was sie geben. Das klingt vielleicht banal, zeigt aber auch den feinen Unterschied, der manche Menschen reich macht und andere nicht. Es ist ihre Art zu denken!

Stellt also immer die richtigen Fragen! Findet heraus, worin ihr besonders gut seid! Was könnt ihr besser als andere? Denkt nach und vertraut immer auf euer Bauchgefühl. Think Big! Denkt groß, indem ihr allen Zweifelnden zeigt, zu was ihr fähig seid.

Findet heraus, was die Menschen an euch schätzen. Welchen Nutzen könnt ihr verkaufen? Möchtet ihr Menschen motivieren, sie lehren oder lieber unterhalten? Habt ihr ein ganz bestimmtes Vorbild? Falls euch keins einfällt, ist es jetzt an der Zeit, dass ihr euch eins sucht. Haltet immer die Augen offen und lernt von Menschen, die euch inspirieren. Lernen macht dadurch sehr viel Spaß.

Schließt eure Augen und stellt euch nun euer Leben in der Zukunft vor. Habt ihr schon Ideen für das kommende Jahr? Glaubt mir, es macht euer Leben bunter, spannender und aufregender, wenn ihr wisst, wer ihr seid und was in euch steckt. Wenn ihr die richtigen Fragen stellt, findet ihr es schon bald heraus. Traut euch! Seid endlich bereit, euer Leben selbst in die Hand zu nehmen, indem ihr anfangt, euren Traum zu leben.

Das ist ein Aufruf an alle Frauen:

**WERDET ENDLICH (ERFOLG-)REICH.**

Vielen Dank, dass ihr dieses Buch gelesen habt!

- So, meine Lieben! Das war's fürs Erste. Ich wünsche euch viel Spaß beim Investieren und großen finanziellen Erfolg! Es würde mich sehr freuen, von euch zu hören. Ich bin sehr gespannt auf euer Feedback. Fragen und Anregungen hinterlasst ihr einfach auf meiner Webseite www.finanzdiva.de oder auf meiner Facebook-Seite. Ihr findet mich dort unter: www.facebook.com/finanzdiva.

- Und jetzt nichts wie los! Stürzt euch in ein neues Abenteuer! Denn euer Leben gehört euch allein. Carey Smith, Geschäftsführer von BIG ASS FAN, bringt es auf den Punkt mit den Worten: »GET A F*&^%$# LIFE.«

# Über die Autorin

Katja Eckardt ist studierte Betriebs- und Volkswirtin. Ihre Leidenschaft fürs Investieren macht sie mit diesem Buch zum Hobby und Beruf. Ihr Ziel ist es, Frauen finanziell weiterzubilden und zu motivieren. Sie sollen sich aktiv eine unabhängige Zukunft aufbauen, indem sie die Angst vor Finanzthemen verlieren. Verständlich und spannend bereitet sie die einzelnen Themen zu einer unterhaltsamen Lektüre auf. Frauen sollen endlich der Armutsfalle entkommen und zu Reichtum gelangen. Mehr über Katja Eckardt auch unter www.finanzdiva.de

# Danke!

Ich sage Danke, meine Lieben!

Es gibt Menschen, die mich inspirieren! Euch möchte ich an dieser Stelle Danke sagen. Ohne Euch wäre mein Leben nur halb so viel wert.

@ Xandi: Manchmal frage ich mich, wie Du es schaffst, mir so viel Kraft, Energie und Lebensfreude zu geben. Deine Leidenschaft für High-End-Whiskey habe ich übrigens nie verstanden. Indem Du mir zu Weihnachten ein Whisky-Seminar geschenkt hast, wurde auch ich zu einem Fan. Mein Depot besteht seitdem aus hochprozentigen Bourbon-Aktien und ich weiß endlich, wer Horst Lüning ist.

@ Meine Eltern, Regina und Hans-Dieter: Ihr seid die Besten!

@ Kay: Vielen Dank, dass Du das wunderschöne Klavierlied für das Finanz-Diva-Hörbuch komponiert hast. Ich bin gespannt, wann es endlich bei Classic Radio läuft. Übrigens brauche ich schon wieder einen neuen Soundtrack.

@ Martin: Herzlichen Dank, dass Du das Hörbuch produziert hast. Ich habe mir beim Sprechen vor Angst fast in die Hose gemacht. Mit »vernünftigen« Worten habe ich Deine Geduld auf eine harte Probe gestellt. Ich hoffe, dass wir noch viele Audiobücher zusammen produzieren werden.

@ Dorian: Vielen Dank für Deine Unterstützung!

@ Chris: Herzlichen Dank für die Finanzdiva.de-Website! Supergeile Seite!

@ Guido: Du hast es voll drauf! Herzlichen Dank für Deine Unterstützung, Deine genialen Ideen und die vielen lustigen Unterhaltungen.

@ Georg: Vielen lieben Dank für die herzliche und freundliche Unterstützung bei der Erstellung dieses Buches!

@ Amy: I am really fortunate, that in my work I get to meet very inspiring people and hear their stories firsthand. As such person, you are an exceptional role model for all female entrepreneurs, to whom I sought expert advice. Through sharing your thoughts and passion, you teach a powerful lesson to all of us. I am grateful for all your support with both, the book and the audio, and finally wish to add a very big thank you!

@ Micha Voigt: Eine Finanz-Diva braucht ein großes Vorbild wie Dich! Herzlichen Dank für Deine freundliche Unterstützung und stets kompetente Beratung.

@ Karsten: Ganz egal, ob morgens um 6:30 Uhr oder spät am Abend: Es ist faszinierend, wie Du es schaffst, Menschen zu motivieren, indem Du sie inspirierst und ihnen Mut machst, mit Vollgas durchzustarten. Herzlichen Dank fürs Finanz-Diva-Feintuning und Deine Mitarbeit bei der Erstellung der Hörbücher.

# ᴏ𝒜nhang

Fotos: Photogenika, Tina Rieger, http://www.photogenika.de/

**LINKS ZUM TEXT:**

– http://dpaq.de/1zYVO

– http://dpaq.de/atOzW

– http://dpaq.de/aliA0

– http://hypotheken.fmh.de/rechner/fmh2/

– http://bit.ly/17CVrU1

– http://bit.ly/1ETZeaG

**FILMTIPPS ZUM THEMA:**

– The Wolf of Wall Street

– Der große Crash – Margin Call

– Wall Street 1

– Wall Street 2 – Geld schläft nicht

– Inside Job

– High Speed Money/Das schnelle Geld

- Endstation Parkett

- Backstage Wall Street (von Markus Koch)

- Börse-Einsteiger-Film (Börse Frankfurt)

- Das Streben nach Glück

- The Big Short

**Übersetzung des Steckbriefs von Amy Andersen:**

**NAME:**
Amy Andersen

**BRANCHE:**
Partnervermittlung

**WEBSITE:**
www.linxdating.com

**WAS TREIBT DICH IM LEBEN AN?**
Ich helfe gerne Leuten dabei, sich über meine Firma kennenzulernen. Es ist erstaunlich, dass es für Männer und Frauen so wenige Möglichkeiten gibt, sich zu treffen. Es gibt so viele Singles, aber nur wenige Möglichkeiten, sich kennenzulernen, da man ständig arbeitet oder die sozialen Ressourcen begrenzt sind.

**GRÖSSTE ERRUNGENSCHAFT:**
Die Geburt meines kleinen Sohnes

**BILDUNG:**
Universität von Südkalifornien in Los Angeles, Abschlüsse in den Fächern Kommunikation und Internationale Beziehungen

**REICH ODER ARM GEBOREN?**
Ich komme aus einem sehr schönen Zuhause, in dem mir meine Eltern eine sehr gute Bildung ermöglichten. Dadurch boten sich mir zahlreiche Möglichkeiten. Seit meiner Kindheit wollte ich Unternehmerin werden. Mein erstes kleines Business startete ich im Alter von zehn Jahren, indem ich Blumen an meine Nachbarn verkaufte. Mit sechzehn gründete ich ein Sommer-Camp für Kinder.

**MEINUNG ÜBER BILDUNG:**
Eins der größten Geschenke, die ihr euch machen könnt. Sie ist in den USA notwendig, wenn ihr Karriere-Möglichkeiten im Le-

ben haben möchte. Meine Studienzeit war nicht nur eine wunderbare Lernerfahrung, sondern auch eine, eine, an der ich als junge Erwachsene wachsen konnte. Mein Ehemann hält Vorlesungen an der »Stanford University«. Daher bin ich auf jeden Fall ein Fan von Bildung! ;-)

**ZIEL IM LEBEN:**
Glücklich sein, beschäftigt sein, gesund sein und eine Balance finden.

**SINN IM LEBEN:**
Mein Sinn im Leben ist es, als Unternehmerin erfolgreich zu sein und dadurch meine Träume zu erfüllen, indem ich sehr viele vermittelte Paare glücklich mache als Resultat meiner Vermittlungsarbeit.

**VISION (IN DER GESCHÄFTSWELT):**
Meine Vision (in der Geschäftswelt) ist es, immer das Beste zu geben. Lasst euch niemals von Kleinigkeiten ablenken. Konzentriert euch auf das große Ganze. Bleibt hungrig. Bleibt optimistisch. Arbeitet, arbeitet, arbeitet! Stellt jemanden ein, der smarter ist als ihr selbst. Gebt niemals auf! Lasst es nicht zu, dass Menschen eure Ideen belächeln. Seid ehrlich. Differenziert euch vom Wettbewerb, indem ihr die Besten in eurem Business seid. Ausdauer und Entschlossenheit!

**GRÖßTER FEHLER:**
Die falsche Person einzustellen

**WERTE:**
Ehrlichkeit, Transparenz, gute Kommunikation

## FÜHRUNGSSTIL:

Mein Führungsstil ist geprägt durch eine stark strukturierte Organisation. Ich bin bekannt sehr aggressiv in einer smarten Art, Geschäfte zu machen: Ich mag den Vertrieb und die Gewinnung von neuen Kunden. Ich mag es, Leute zu motivieren, positiv zu denken und nach vorne zu schauen. Ich selbst schaue stets nach vorne und versuche, andere auch dazu zu bewegen.

## MOTIVATION:

Ich möchte ein aufregendes Leben führen und meiner Familie ein glückliches Zuhause geben. Außerdem möchte ich meinem Sohn die finanziellen Mittel zur Verfügung stellen, damit er in Zukunft auf die Universität gehen kann, falls er das will.

## PERSÖNLICHKEIT:

Ich bin zwar extrovertiert, benötige aber auch Zeit, um neue Energie zu tanken und um einfach mal auf Abstand von Leuten zu gehen. Da ich das Gesicht der Firma bin, ist es meine Aufgabe, täglich mit potenziellen Klienten, Kunden und Medien in Kontakt zu stehen. Ich beziehe durch sie viel Energie, aber es ist andererseits auch wichtig, Zeit für mich zu finden, um nachzudenken und Dinge zu reflektieren. In Meetings lasse ich eine Menge Humor einfließen, um die Anspannung abzubauen oder einfach das Eis zu brechen.

## PHILOSOPHIE:

Versuche immer, das Beste aus dir herauszuholen.

## GRÖSSTE LEIDENSCHAFT:

Meine größte Leidenschaft ist neben meinem Unternehmen mein kleiner Sohn. Darüber hinaus gehört für mich mein tägliches Workout dazu, um körperlich und mental ausgeglichen zu sein.

**EINSTELLUNG:**
Ich denke positiv und bin stets optimistisch.

**ALLIANZEN:**
Ich arbeite mit vielen Experten aus unterschiedlichen Bereichen:
Dating-Berater, Stylisten, etc.

**FÄHIGKEITEN:**
Sehr gute Kommunikationsfähigkeiten und exzellente Partner-vermittlerin, gute Schriftstellerin (ich schreibe sehr viele Blogs und veröffentliche viele Beiträge im Rahmen meiner Geschäfts-tätigkeit), ausgezeichnete Netzwerkerin, ich organisiere übrigens tolle Partys (das belebt mein Geschäft). Wie gesagt, ich habe es in die Unternehmerwelt geschafft. Da die Welt voller Möglichkeiten ist, bin ich sicher, dass ihr es auch schaffen könnt! Ich wünsche euch viel Glück dabei!

An dieser Stelle bedanke ich mich bei Amy für das Interview.

# Rich Dad Poor Dad

**Robert Kiyosaki**

Warum bleiben die Reichen reich und die Armen arm? Weil die Reichen ihren Kindern beibringen, wie sie mit Geld umgehen müssen, und die anderen nicht! Die meisten Angestellten verbringen im Laufe ihrer Ausbildung lieber Jahr um Jahr in Schule und Universität, wo sie nichts über Geld lernen, statt selbst erfolgreich zu werden.
Robert T. Kiyosaki hatte in seiner Jugend einen »Rich Dad« und einen »Poor Dad«. Nachdem er die Ratschläge des Ersteren beherzigt hatte, konnte er sich mit 47 zur Ruhe setzen. Er hatte gelernt, Geld für sich arbeiten zu lassen, statt andersherum. In Rich Dad Poor Dad teilt er sein Wissen und zeigt, wie jeder erfolgreich sein kann.

240 Seiten I Broschur I 14,99 € (D) I ISBN 978-3-89879-882-2

# Cashflow Quadrant: Rich dad poor dad

**Robert Kiyosaki**

Es ist beinahe paradox: Die intelligentesten Absolventen der Elite-Universitäten wollen heute für Studienabbrecher arbeiten. Also für die, auf die die Gesellschaft immer herunterblickt hat. Eigentlich. Denn wer würde über Bill Gates, Richard Branson oder Michael Dell sagen, dass sie Versager sind? Stellt sich nur die Frage, warum diese Menschen soviel Erfolg haben. Robert Kiyosaki zählt inzwischen selbst zu den Reichen. Er hat bereits in seiner Kindheit beschlossen, eines Tages reich zu werden. Er beobachtete diejenigen, die es schon geschafft hatten, verfeinerte ihre Methoden und wandte sie selbst an. Das Ergebnis dieser Recherche ist der »CASHFLOW Quadrant«. Er deckt auf, warum manche Menschen weniger arbeiten, mehr Geld verdienen, weniger Steuern zahlen und sich finanziell sicherer fühlen als andere. Es geht einfach darum, wo und wann man arbeitet. Durch die konsequente Umsetzung des Buchinhalts kann jeder mit einfachen Mitteln das eigene Leben in die Hand nehmen und sich auf den Weg in die finanzielle Freiheit machen.

352 Seiten I Hardcover I 24,99 € (D) I ISBN 978-3-89879-883-9